LA **BIBLIA** EN 90 DÍAS™

90

GUÍA PARA PARTICIPANTES

TED COOPER JR. CON **STEPHEN** Y **AMANDA SORENSON**

UNA EXPERIENCIA EXTRAORDINARIA CON LA PALABRA DE DIOS

LA **BIBLIA** EN 90 DÍAS™

90

GUÍA PARA PARTICIPANTES

TED COOPER JR. CON STEPHEN Y AMANDA SORENSON

La misión de Editorial Vida es proporcionar los recursos necesarios a fin de alcanzar a las personas para Jesucristo y ayudarlas a crecer en su fe.

LA BIBLIA EN 90 DÍAS - GUÍA PARA PARTICIPANTES
Edición en español publicada por
Editorial Vida -2007

Publicado en inglés bajo el título:
The Biblia in 90 Days - Participant's Guide
Por The Zondervan Corporation
Copyright © 2005 por Theodore W. Cooper Jr.

Traducción: *Sandra Díaz, The Miracle entertainment*
Edición: *Alvaro Pardo, The Miracle entertainment*
Diseño interior: *John Hernández- Andrés Sánchez, The Miracle entertainment*
Diseño de cubierta: *John Hernández,The Miracle entertainment*

ISBN 10: 0-8297-4955-1
ISBN - 13: 978-0-8297-4955-7

Categoría: RELIGIÓN / Estudios bíblicos / Guía de estudios bíblicos

Impreso en los Estados Unidos de América
Printed in the United States of America

07 08 09 10 ❖ 6 5 4 3 2 1

CONTENIDO

Usted está a punto de embarcarse en un viaje muy especial.

Este viaje comenzará en la primera página de la Biblia y terminará en la última. Leerá 12 páginas cada día durante 90 días.

Habrá otras personas que lo acompañarán en este viaje. Usted se reunirá con ellas una vez a la semana para hacer preguntas, compartir opiniones y asistir a una lección sobre la lectura; usted los animará a ellos y ellos lo animarán a usted.

Hice este viaje por primera vez hace seis años. Al principio, yo era agnóstico; a la mitad del viaje, me convertí en creyente. Su experiencia será diferente porque las ideas y necesidades con las que empezará este viaje son distintas de las mías. Pero no importa cuáles sean las ideas que traiga, prepárese para tener una experiencia extraordinaria.

Leer cada palabra de la Biblia no es lo normal, como tampoco lo es hacerlo en un período tan breve de tiempo. Pero algo sucede cuando se hace. Puede que en su caso ese «algo» sea obvio o puede que no lo sea por un tiempo.

Este programa y los recursos que lo acompañan están en constante desarrollo; por eso, lo invitamos a darnos sus sugerencias y comentarios. Siempre hemos creído que un ingrediente básico para la efectividad de este programa es la buena orientación que recibimos de los participantes y líderes… de personas como usted.

Nos gustaría conocer sus opiniones durante este viaje o después de él. Estaremos orando por usted.

Bendiciones,

Ted Cooper Jr.
Creador de *La Biblia en 90 Días*™
(713) 526-6800
www.biblein90days.org/support/

PREGUNTAS FRECUENTES

Con el tiempo han surgido varias preguntas frecuentes sobre este programa de lectura bíblica. Las siguientes son algunas de las preguntas más comunes con sus respectivas respuestas.

P: ¿Debo hacer algo antes de empezar mi lectura cada día?

R: Recomendamos hacer una oración breve y sencilla como esta: «Padre misericordioso, gracias por este regalo que tengo en mis manos. Que a medida que lea, tu Espíritu me llene y me ayude a entender tus preciosas palabras. Oro en el nombre de tu Hijo. Amén».

P: ¿Cuánto debo leer cada día?

R: Cada día deberá leer doce páginas de la *Biblia en 90 días NVI*. El primer día, empezará con la página 1; el segundo día, deberá retomar desde donde terminó el día anterior. Noventa días después, habrá leído la Biblia por completo.

P: ¿Qué momento es apropiado para leer?

R: Eso depende solamente de usted. Habrá algunas personas que prefieran leer la Biblia a primera hora de la mañana, antes de levantarse. Habrá otras que prefieran hacerlo antes de irse a dormir. Incluso habrá otras personas que prefieran leer en algún momento específico de la mañana, de la tarde o de la noche. Algunos leerán la cuota diaria en una sola pasada; otros harán su lectura a lo largo del día y leerán una página o dos a diferentes horas. Le recomendamos que pruebe más de una forma… uno de los beneficios de hacer esta lectura es llegar a sentirse cómodo leyendo la Biblia en cualquier momento.

P: ¿Qué pasa si me atraso?

R: Haga lo posible por no atrasarse. Pero si se atrasa, HAY UNA REGLA MUY IMPORTANTE para ponerse al día: *NO* SE SALTE NINGUNA PÁGINA. Hay dos razones para esta regla: (1) si se salta algo, por lógica no habrá leído *toda la Biblia*, y esto es una parte importante del proceso, (2) si se salta algo, *es poco probable* que retroceda y lea lo que se saltó, así que no va a leer toda la Biblia.

Si se atrasa, le recomendamos que lea unas páginas adicionales cada día hasta que se ponga al día con el grupo.

P: ¿Qué sucede si me atraso MUCHO?

R: Aparte un buen período de tiempo durante un día (los domingos son especialmente buenos para esto) y simplemente adelántese. Puede que esto parezca más una tarea que una experiencia espiritual, pero probablemente quede sorprendido con lo mucho que aprenderá. Después de aproximadamente un día de lectura, se habrá adelantado. Recuerde también que algunas veces la obra de Dios requiere justamente *esfuerzo*. Leer la Biblia por completo *es* un reto; no obstante, cuando termine, se sentirá feliz de haber perseverado

REGLAS DE PARTICIPACIÓN PARA EL GRUPO DE DISCUSIÓN

1. **En cada grupo, le hemos pedido a una o dos personas que obren en calidad de facilitadores.** Estas personas dirigirán o guiarán la discusión, pero NO se encargarán de enseñar.

2. **Todo miembro de los grupos pequeños será INVITADO a unirse a la discusión, pero NO ESTARÁ OBLIGADO a hacerlo.** Incluso si se hace una pregunta en el grupo para que todos la respondan (por ejemplo: «Dejemos que cada uno nos cuente qué opina de...»), cada participante estará en libertad de guardar silencio sobre el tema. En ese caso, alguien que no quiera hablar, sólo debe decir: "Gracias, pero prefiero no responder esta vez".

3. **NO domine la discusión.** El tiempo de la discusión es limitado, así que asegúrese de que todo el que desee hablar tenga la oportunidad de hacerlo.

4. **Respete las opiniones de las demás personas, ya sean nuevas en el estudio de la Biblia o que lleven estudiándola mucho tiempo.** No estamos aquí para CORREGIR o ni siquiera para GUIAR la interpretación que una persona haga de lo que se lee. Más bien, estamos aquí para motivar a cada persona en su lucha con el significado de lo que lee.

5. **Empiece y termine a tiempo las sesiones del grupo pequeño y regrese al grupo grande.**

DISCUSIÓN PARA TODO EL GRUPO

1. ¿Ha intentado anteriormente leer toda la Biblia? ¿Por qué?

2. Si ha intentado leer la Biblia por completo, ¿qué desafíos tuvo que enfrentar para cumplir su deseo? ¿Dónde empezó? ¿Qué tan lejos llegó?

3. ¿Qué le ha parecido difícil y gratificante en sus intentos de leer la Biblia regularmente?

4. Si ha logrado leer toda la Biblia anteriormente, ¿cuáles fueron las circunstancias? ¿Qué lo motivó a perseverar? ¿Qué tan satisfecho quedó con su logro?

5. Si ha empezado a leer la Biblia pero nunca ha llegado a su meta de lectura, ¿qué le impidió terminar lo que empezó?

6. ¿Por qué cree que es importante leer toda la Biblia? ¿Qué espera descubrir en términos de vida práctica, crecimiento espiritual, conocimiento de historia u otras áreas?

7. ¿Qué es lo que más lo intimida sobre la idea de leer toda la Biblia en 90 días?

8. ¿Qué es lo que más le emociona de leer toda la Biblia en 90 días?

ACTIVIDADES INDIVIDUALES ENTRE SESIONES

Consejos de lectura para esta semana

- Memorice su misión: *Leer atentamente cada palabra de la Biblia en 90 días*.

- No espere poder recordar concientemente todo lo que lea. Céntrese en lo que *puede* recordar y *no se preocupe* por el resto.

- No espere entender todo lo que lea. Préstele atención a lo que *sí* entiende y *no se preocupe* por el resto.

- Por lo menos una vez durante esta semana, pruebe dividir la lectura diaria en dos o más sesiones.

Perspectiva general de Génesis

Génesis es el libro de los comienzos y crea el marco para todo lo que sigue en la Biblia. Establece a Dios como el creador de todo lo que existe, en el cielo, en la tierra y más allá. Se centra en la relación esencial de la humanidad: la relación entre Dios y el pueblo que Él creó. En Génesis vemos cómo Satanás tienta a Adán y a Eva a desobedecer a Dios, lo que genera el conflicto central de la historia de la humanidad. El resto de la Biblia es la historia de cómo Dios resuelve la pérdida de esa relación a través de la historia de la humanidad.

Perspectiva general de Éxodo

Éxodo no sólo es la historia de la salida de Israel de la tierra de Egipto sino la historia de la salida de Israel del estilo de vida de Egipto. No se trata solamente de un viaje en tiempo y distancia, sino de un viaje del corazón mientras un Dios santo prepara a su pueblo elegido para vivir la vida que él ofrece en la tierra que él ha provisto. ¡Qué gran viaje resulta ser cuando Dios se revela a sí mismo e invita a su pueblo a tener una relación con él!

Lea esta semana

Páginas 1-84 de la *Biblia en 90 Días NVI* (Gn 1:1-Éx 40:38).

Progreso personal

Si le resulta útil hacerlo, utilice el siguiente cuadro para registrar el progreso de la lectura esta semana. Establezca un horario de lectura que le quede bien y luego sígalo juiciosamente. Trate de tomar por hábito orar antes de empezar la lectura cada día y pídale a Dios que utilice su Palabra para instruirlo y guiarlo.

✓	Día	Páginas de La Biblia en 90 Días NVI	El pasaje empieza en:
	1 (hoy)	1-12	Génesis 1:1
	2	12-24	Génesis 17:1
	3	24-36	Génesis 28:20
	4	36-48	Génesis 40:12
	5	48-60	Éxodo 1:1
	6	60-72	Éxodo 15:19
	7	72-84	Éxodo 29:1

Notas personales sobre la lectura

Tómese un momento para registrar lo más importante que experimente durante su lectura esta semana (conocimiento adquirido, preguntas desconcertantes, momentos impactantes):

¡Inténtelo!

Memorice los nombres de los primeros cinco libros de la Biblia antes de la próxima sesión:

G _enesis_   E _xodo_

L _evítico_   N _úmero_

D _euteronomio_

RESUMEN DE LA LECTURA

Discusión de hoy: Páginas 1-84 *de La Biblia en 90 días NVI*
(Gn 1:1-Éx 40:38)

Lectura para la próxima semana: Páginas 84-168 de *La Biblia
En 90 días NVI* (Lv 1:1-Dt 23:11)

DISCUSIÓN PARA EL GRUPO PEQUEÑO

Seguimiento de la lectura

1. ¿Cómo estuvo su lectura esta semana? ¿Qué desafíos enfrentó para completar su lectura? ¿Qué fue lo más efectivo que hizo para poder superar esos desafíos?

2. ¿Qué tipo de rutina de lectura parece funcionarle mejor de acuerdo con sus actividades y agenda?

3. A medida que leía la Biblia esta semana, ¿qué pensamientos o eventos específicos le llamaron la atención o lo sorprendieron? ¿Por qué?

4. ¿Qué preguntas le surgieron durante la lectura para las que quisiera una respuesta?

Revelación de la lectura

Nota: El propósito de las siguientes preguntas es estimular la discusión. No hay necesidad de responderlas antes de la clase o de la reunión del grupo pequeño.

1. ¿De qué manera el pecado de Adán y Eva afectó a su descendencia y al mundo en que vivían?

2. ¿Qué tipo de hombre era Abraham? ¿Qué planes quería lograr Dios a través de él? ¿Qué se propuso hacer Dios? (Ver Gn 12:2-3; 17:7-8)

3. Cuando leyó lo que le sucedió a José y la forma como se dieron las situaciones en la vida de él, ¿qué le sorprendió? Si usted estuviera escribiendo una novela sobre la vida de José, ¿qué nombre le pondría? ¿Por qué?

4. ¿De qué forma cree que Moisés cambió desde que estuvo en la corte egipcia hasta que Dios le habló en la zarza ardiente cuarenta años después? ¿Qué revelan las objeciones de Moisés al llamado de Dios para librar a Israel de la esclavitud sobre sus inseguridades y su perspectiva de Dios? (Ver Éx 3:11, 13; 4:1, 10, 13)

5. ¿Cómo es la imagen de Dios que usted está desarrollando con su lectura hasta ahora? ¿Cuáles son algunas de las características y atributos de Dios y cómo se los demostró él a su pueblo elegido?

6. ¿Cuál cree usted que era el propósito de Dios al darles a los israelitas tantas instrucciones específicas sobre la vida diaria y la adoración? ¿Qué demostró Dios, a través del tabernáculo, sobre su promesa de estar con su pueblo?

¿Sabía usted?

- El libro de Génesis establece cuatro grandes principios que son cruciales para nuestro

  1. Dios pone orden en medio del caos al hacer diferencias y establecer límites.

  2. El hombre fue creado a imagen y semejanza de Dios. Después de la caída, el hombre retuvo la imagen pero no la semejanza.

  3. La vida implica tomar decisiones y las decisiones tienen consecuencias, de manera que decida sabiamente.

  4. La estrategia de Satanás es humanizar a Dios (dudar de la Palabra), minimizar el pecado (negar la Palabra), y deificar al hombre (reemplazar la Palabra).

- Los antiguos egipcios veneraban y adoraban a muchos dioses, entre ellos las serpientes. Cuando la vara de Moisés se convirtió milagrosamente en una serpiente que se comió a las serpientes de los magos egipcios (Éx 7:8-13), Dios demostró su poder sobre el faraón y los dioses de Egipto. Además, las plagas que Dios les envió a los egipcios confrontaron y reprendieron directamente su adoración a otros dioses. El río Nilo, que se convirtió en sangre, era relacionado con el dios Hapi. Las ranas eran relacionadas con la diosa Heqt. Las vacas que murieron durante la plaga del ganado eran relacionadas con Hathor, el dios vaca; Khnum, el dios carnero; y Apis y Mnevis, los dioses toros egipcios (Biblia de estudio NVI, notas para Éx 8:2, 9:3). Dios quería que los antiguos egipcios se dieran cuenta de que sólo Él era Dios Todopoderoso, Yahweh, YO SOY EL QUE SOY (Éx 3:14).

- Dios le ordenó a Moisés que el pueblo le construyera un tabernáculo para que Él pudiera tener un lugar visible para vivir entre su pueblo. Realizar la construcción y el mobiliario del tabernáculo requirió de las habilidades de la gente para hilar, tejer y teñir fibras; bordar; redondear, pulir y grabar piedras preciosas y semipreciosas; y trabajar el oro y la plata (Zondervan Handbook to the Bible, 169, 174). Gustosamente entregaron su trabajo y riquezas a la <<tienda de Dios>>, y cuando se terminó, los símbolos visibles de la presencia de Dios la nube en el día y el fuego de noche permanecieron en el tabernáculo y lo llenaron con la luz de su gloria. Durante los siguientes 300 años, hasta que Salomón construyó el templo en Jerusalén, el tabernáculo fue el centro de la adoración de la nación (Handbook, 179).

DISCUSIÓN DEL VIDEO (OPCIONAL)

1. A medida que miraba el video, ¿qué puntos en particular le llamaron la atención? ¿Por qué?

2. ¿Qué aspecto del video mejoró especialmente su comprensión de lo que leyó la semana pasada?

3. ¿Cuáles identificaría usted como los temas clave de esta porción de la Escritura?

4. ¿Qué impacto puede tener en su vida hoy lo que acaba de ver?

Consejo de lectura para esta semana

Por lo menos una vez esta semana pruebe dividir la rutina de lectura diaria en dos o más sesiones.

Perspectiva general de Levítico

Levítico es esencialmente el libro de reglas de los sacerdotes de Israel. Todas las leyes surgen del pacto de Dios con su pueblo elegido. Los hebreos habían crecido en la esclavitud, así que estas leyes son parte del proceso que Dios utilizó para convertirlos en las personas que debían ser antes de entrar en la Tierra Prometida. Estas leyes tratan sobre las relaciones: las relaciones que debían tener entre ellos y la relación que debían tener con su Dios. A medida que lea, note el carácter inmutable de Dios y nuestra necesidad de perdón y de una relación restaurada con Dios. Levítico nos ayuda a entender por qué necesitamos ser santos y por qué es necesario para Jesús tomar nuestro lugar y morir por nuestros pecados (*Handbook*, 181).

Perspectiva general de Números

El nombre hebreo del libro significa «en el desierto». Y de eso se trata Números. A medida que los israelitas se acercan a la Tierra Prometida de Canaán, deben decidir si confiar en Dios o no. Preste atención a lo que ocurre cuando se centran en las circunstancias y sentimientos en vez de en lo que Dios promete hacer por ellos. Después de negar el carácter y las promesas de Dios, enfrentan su juicio: treinta y ocho años más en el desierto.

Perspectiva general de Deuteronomio

Al leer Deuteronomio, experimentará la primera dosis de repetición ampliada en la Biblia. Aunque podría volverse una lectura tediosa, tome la repetición como una oportunidad de ordenar los eventos bíblicos más firmemente en su mente. Este libro es importante porque influenció demasiado a los profetas de Judá e Israel, quienes a su vez, influenciaron a personajes claves del Nuevo Testamento como Pablo y Jesús. A medida que lea, note el énfasis en adorar a Dios y sólo a Dios. Preste atención a la frecuencia con que Moisés afirma que Dios cumplirá la promesa que le

Hizo a Abraham y les dará a los israelitas la Tierra Prometida.

Lea esta semana

Páginas 84-168 de *La Biblia en 90 Días NVI* (Lv 1:1-Dt 23:11).

Progreso personal

Si le resulta útil hacerlo, utilice el siguiente cuadro para registrar el progreso de la lectura esta semana. Establezca un horario de lectura que le quede bien y luego sígalo juiciosamente. Si se atrasa en la lectura, aparte un tiempo adicional esta semana para ponerse al día.

✔	Día	Páginas de La Biblia en 90 Días NVI	El pasaje empieza en:
	1 (hoy)	84-96	Levítico 1:1
	2	96-108	Levítico 14:33
	3	108 -120	Levítico 26:27
	4	120-132	Números 8:15
	5	132-144	Números 21:8
	6	144 -156	Números 32:20
	7	157-168	Deuteronomio 8:1

Notas personales sobre la lectura

Tómese un momento para registrar lo más importante que experimente durante su lectura esta semana (conocimiento adquirido, preguntas desconcertantes, momentos impactantes).

¡Inténtelo!

Memorice los nombres de los siguientes cinco libros de la Biblia:

J _Josue_   J _ueces_

R _ut_   1 S _amuel_

2 S _amuel_

Después de que haya aprendido los nombres anteriores, intente recordar todos los libros que ha memorizado hasta ahora.

RESUMEN DE LA LECTURA

Discusión de hoy: Páginas 84-168 de *La Biblia en 90 días NVI*
(Lv 1:1-Dt 23:11)

Lectura para la próxima semana: Páginas 168-252 de *La Biblia En 90 días NVI* (Dt 23:12-1 S 28:19)

DISCUSIÓN PARA EL GRUPO PEQUEÑO

Seguimiento de la lectura

1. ¿Cómo estuvo su lectura esta semana? ¿Qué desafíos enfrentó para completar su lectura? ¿Qué fue lo más efectivo que hizo para poder superar esos desafíos?

2. ¿Qué tipo de rutina de lectura parece funcionarle mejor de acuerdo con sus actividades y agenda?

3. A medida que leía la Biblia esta semana, ¿qué pensamientos o eventos específicos le llamaron la atención o lo sorprendieron? ¿Por qué?

4. ¿Qué preguntas le surgieron durante la lectura para las que quisiera una respuesta?

Revelación de la lectura

Nota: El propósito de las siguientes preguntas es estimular la discusión. No hay necesidad de responderlas antes de la clase o de la reunión del grupo pequeño.

1. ¿Qué propósito importante jugaban los rituales religiosos (sacrificios, ofrendas y fiestas) en las vidas de los israelitas? A medida que leía sobre esas prácticas, ¿qué aprendió sobre la forma como Dios se involucra en la vida de su pueblo y sobre la adoración y el compromiso con la santidad que él desea?

2. ¿Por qué el pueblo tenía que ofrecer sacrificios de sangre?

3. A pesar de todo lo que Dios había hecho por ellos, los israelitas desobedecían, se quejaban y se alejaban de él repetidamente. ¿Qué clase de tentaciones utilizó Satanás para alejar a los israelitas de Dios? ¿Sobre qué cosas se quejaban? ¿Qué tan diferentes son esas tentaciones y quejas de las nuestras?

4. ¿Cómo respondió Dios a sus quejas y desobediencia y qué revela esta respuesta sobre él?

5. Cuando los espías llegaron de reconocer el terreno en Canaán, ¿cómo respondió el pueblo a su informe? ¿Qué revelan las palabras y acciones del pueblo sobre su perspectiva de Dios?

6. Cuando una nueva generación de israelitas se preparaba para entrar a la Tierra Prometida, Moisés, el líder de 120 años, narró los eventos que habían tomado lugar en su viaje desde Egipto y les dio un «curso para refrescar la memoria» sobre el pacto que Dios había hecho con ellos. ¿Qué fortalezas y debilidades demostró Moisés durante esos tiempos duros de los comienzos de la historia de Israel? ¿De qué manera cree usted que sus palabras y ejemplo influyeron en el pueblo?

¿Sabía usted?

- Dios y su santidad son los temas predominantes de Levítico. La palabra santo aparece más veces en Levítico que en ningún otro libro de la Biblia. Y en sólo nueve capítulos del libro, Dios afirma <<Yo soy el Señor>> cuarenta y siete veces (NIV Study Bible, nota para Lv 18:2).

- Aunque los requisitos para la limpieza y perfección que aparecen en las leyes del Antiguo Testamento podrían ofender a los lectores modernos, es importante recordar que Dios es perfecto y nosotros no. Así como a Israel se le exigía sacrificar animales perfectos para mantener su relación con el Dios santo, nosotros también necesitamos un sustituto perfecto para nuestros pecados. Jesús fue ese sustituto al sacrificarse por nosotros en la cruz.

- La misma palabra hebrea utilizada para un acuerdo internacional es también utilizada para un pacto entre Dios y su pueblo (Handbook, 210). El pacto del Sinaí, el pacto más importante del Antiguo Testamento, fue el paso calve para que Israel se convirtiera en una nación. Siguió al pacto que Dios hizo con Noé (Gn 9) y los dos pactos que Dios hizo con Abraham (Gn 15, 17). En el Sinaí, Dios no sólo le dio su ley a Israel sino que los llamó a ser santos y a darle lealtad exclusiva: los llamó como nación a una nueva relación con él (Handbook, 211).

DISCUSIÓN DEL VIDEO (OPCIONAL)

1. A medida que miraba el video, ¿qué puntos en particular le llamaron la atención? ¿Por qué?

2. ¿Qué aspecto del video mejoró especialmente su comprensión de lo que leyó la semana pasada?

3. ¿Cuáles identificaría usted como los temas clave de esta porción de la Escritura?

4. ¿Qué impacto puede tener en su vida hoy lo que acaba de ver?

Consejo de lectura para esta semana

Si se atrasó en la lectura, póngase al día leyendo el domingo lo que sea necesario.

Perspectiva general de Deuteronomio

En esta sección final de Deuteronomio, préstele atención a las predicciones que Dios le ordena dar a Moisés con respecto a Israel. Imagínese lo que debió haber sido acampar en el lado este del río Jordán, listo para entrar en Canaán, y escuchar esas palabras de Moisés. Note la decisión que Josué y Moisés animaron al pueblo a tomar para que Dios los bendijera con una vida llena, productiva y significativa (Dt 30:19-20; 32:44-47).

Perspectiva general de Josué

Aquí vemos a Dios cumplir sus promesas a los primeros patriarcas y a los israelitas cuando entran y se establecen en la Tierra Prometida. Note la fidelidad de Josué a Dios cuando guía a Israel para conquistar a los cananeos, que es uno de los puntos más importantes en la historia de Israel. El liderazgo fiel de Josué le trae una gran recompensa a la nación, pero aun así, Israel no es enteramente fiel para obedecer los mandamientos de Dios.

Perspectiva general de Jueces

Aquí verá cuán rápido Israel se olvida de Dios y rechaza su reinado. Preste atención a las fortalezas y debilidades de los diversos jueces, incluyendo Débora, Gedeón y Sansón, quienes fueron enviados por Dios para ayudar a Israel durante tiempos críticos. Considere también el ciclo que empieza durante este período de tiempo: Israel rompe su pacto con Dios, Dios envía opresores extranjeros para castigar a su pueblo, ellos claman por ayuda, él los libra fielmente y luego ellos desobedecen de nuevo.

Perspectiva General de Rut

El libro de Rut representa de muchas maneras la promesa de una vida que va mucho más allá de las propias expectativas. Al leer este libro, que es una historia corta, preste atención a los temas del amor fiel y la redención que prevalecen a medida que se desarrollan las circunstancias para una familia israelita.

Perspectiva general de 1 Samuel

Los eventos de 1 Samuel toman lugar durante un tiempo de agitación política, social y espiritual. Observe cómo Israel se rehúsa a escuchar a Dios y hace la dura transición del tiempo de los jueces al reino de Saúl, el primer rey terrenal de Israel. Note los sube y bajas que David, el gran guerrero, enfrenta antes de convertirse en el siguiente rey de Israel.

Lea esta semana

Páginas 168-252 de *La Biblia en 90 Días NVI* (Dt 23:12-1S 28:19).

Progreso personal

Si le resulta útil hacerlo, utilice el siguiente cuadro para registrar el progreso de la lectura esta semana. Establezca un horario de lectura que le quede bien y luego sígalo juiciosamente.

✓	Día	Páginas de La Biblia en 90 Días NVI	El pasaje empieza en:
	1 (hoy)	168-180	Deuteronomio 23:12
	2	180-192	Josué 1:1
	3	192-204	Josué 15:1
	4	205-216	Jueces 3:28
	5	216-228	Jueces 15:13
	6	228-240	1 Samuel 2:30
	7	240-252	1 Samuel 16:1

Si se atrasa en la lectura, aparte un tiempo adicional esta semana para ponerse al día.

Notas personales sobre la lectura

Tómese un momento para registrar lo más importante que experi -
mente durante su lectura esta semana (conocimiento adquirido, preguntas desconcertantes, momentos impactantes).

¡Inténtelo!

Memorice los nombres de los siguientes cinco libros de la Biblia:

1 R_____   2 R_____

1 C_____   2 C_____

E_____

Después de que haya aprendido los nombres anteriores, intente
recordar todos los libros que ha memorizado hasta ahora.

SESIÓN

4

RESUMEN DE LA LECTURA

Discusión de hoy: Páginas 168-252 de *La Biblia en 90 días*
NVI (Dt 23:12-1S 28:19)

Lectura para la próxima semana: Páginas 252-336 de *La Biblia*
En 90 días NVI (1S 28:20-2R 25:30)

DISCUSIÓN PARA EL GRUPO PEQUEÑO

Seguimiento de la lectura

1. ¿Cómo estuvo su lectura esta semana? ¿Qué desafíos enfrentó para completar su lectura? ¿Qué fue lo más efectivo que hizo para poder superar esos desafíos?

2. A medida que leía la Biblia esta semana, ¿qué pensamientos o eventos específicos le llamaron la atención o lo sorprendieron? ¿Por qué?

3. ¿Qué preguntas le surgieron durante la lectura para las que quisiera una respuesta?

4. ¿De qué manera la lectura está afectando su perspectiva de Dios, su Palabra y su relación con él?

Revelación de la lectura

Nota: El propósito de las siguientes preguntas es estimular la discusión. No hay necesidad de responderlas antes de la clase o de la reunión del grupo pequeño.

1. Aunque Dios vivía entre los israelitas y los guiaba en la batalla, los gabaonitas pudieron engañar a Josué y a otros líderes. ¿Cómo sucedió esto? (Ver Jos 9).

2. ¿Cuál era la intención de Dios al ordenarles repetidamente a los israelitas que destruyeran a los cananeos? ¿Por qué Dios era tan duro en lo que respectaba al paganismo? ¿Qué revela esto sobre Dios y su perspectiva del pecado?

3. ¿A qué grado el pueblo de Israel había asimilado la cultura de los cananeos para el final del libro de Jueces? ¿De qué manera la vida de Sansón ilustra los efectos del pecado? ¿Qué revela la vida de Sansón sobre las extrañas personas y eventos por medio de los cuales Dios obra algunas veces?

4. ¿Qué tragedias y eventos desafortunados les ocurrieron a Noemí y a Rut? ¿Qué temas surgieron cuando sucedieron estos eventos en su historia?

5. Cuando los israelitas le pidieron a Samuel que nombrara un rey, ¿qué estaban comunicando sobre Dios y su reinado sobre ellos? (Ver 1S 8).

6. Cuando leyó sobre la vida de David después de que fue ungido y antes de que fuera rey, ¿qué aprendió sobre él que no había descubierto antes? ¿Qué clase de hombre era él?

¿Sabía usted?

- Los israelitas entraron a Canaán, el territorio que conocemos como la costa del moderno Líbano e Israel, alrededor del año 1250 A.C. durante lo que los arqueólogos bíblicos llaman el final de la Era de Bronce (NIV Study Bible, 289). Aunque ninguna de las poderosas naciones del antiguo Cercano Oriente (Egipto, Babilonia, Asiria) tenía una fuerte presencia en Canaán en ese momento, los cananeos eran grandes comerciantes. Miles de artefactos desenterrados en los sitios antiguos revelan que la cultura cananea era muy avanzada, en muchos aspectos superior a la de Israel (Handbook, 231).

- ¿Cuánto problema le causaba Sansón a los filisteos? Considere esto: Para convencer a Dalila que atrapara a Sansón, cada uno de los cinco jefes filisteos le ofreció 1.100 monedas de plata, una suma que era equivalente al precio de 275 esclavos (NIV Study Bible, nota en Jue 16:5).

- Moab, el sitio donde creció Rut, estaba ubicado al oriente del Mar Muerto y al occidente del desierto a ambos lados del cañón del río Arnón (NIV Study Bible, 366). Descendientes del primer hijo de Lot Moab este pueblo hizo todo lo que pudo para bloquear la expansión de Israel. El rey de Moab contrató al profeta Balán para maldecir a Israel (Núm 22-24); las mujeres moabitas llevaron a los hombres israelitas a la inmoralidad (Núm 25). Luego, Quemós, el dios principal de los moabitas, demostró ser una fuerte tentación. Incluso el Rey Salomón construyó un sitio sagrado para la adoración a Quemós en una colina al oriente de Jerusalén, lo que trajo el juicio de Dios y los reinos divididos de Israel y Judá (1 Reyes 11:10-13).

NOTAS DEL VIDEO

DISCUSIÓN DEL VIDEO (OPCIONAL)

1. A medida que miraba el video, ¿qué puntos en particular le llamaron la atención? ¿Por qué?

2. ¿Qué aspecto del video mejoró especialmente su comprensión de lo que leyó la semana pasada?

3. ¿Cuáles identificaría usted como los temas clave de esta porción de la Escritura?

4. ¿Qué impacto puede tener en su vida hoy lo que acaba de ver?

Consejo de lectura para esta semana

Recuerde su misión: <<Leer atentamente cada palabra de la
Biblia en 90 días>>.

Perspectiva general de 2 Samuel

2 Samuel es un registro del reinado de David durante su ancianidad y representa los puntos altos más espléndidos de David y de su familia, así como los puntos bajos. La aventura amorosa de David con Betsabé, una horrible historia de lujuria, abuso de poder, engaño y asesinato, es sólo un anticipo de lo que sigue. En cumplimiento de la profecía de Natán de que el pecado de David con Betsabé dividiría la casa de David, vemos ocurrir las consecuencias que trajeron división y sufrimiento no sólo a la familia de David sino a toda la nación de Israel.

Perspectiva general de 1 Reyes

El primer libro de Reyes retoma donde quedó el segundo libro de Samuel. Después de la muerte de Salomón, observe las atroces causas y resultados de la división de Israel en dos reinos. Puede ser desafiante seguirle el hilo a todo, pero verá una sucesión de reyes de ambos reinos. Preste atención a cuáles reyes de Israel (norte) y de Judá (sur) hacen <<lo que agrada al Señor>> y cuáles no. Observe cómo responde Dios.

Perspectiva general de 2 Reyes

A medida que lea la historia de ambos reinos, imagine lo que era que el pueblo de Dios cediera repetidamente a lo malo hasta que enfrentaba el juicio de Dios. Note cómo los profetas Elías y Eliseo responden a medida que intentan guiar al pueblo hacia Dios. Observe la destrucción de Jerusalén, que es el clímax de la trama del Antiguo Testamento.

Lea esta semana

Páginas 252-336 de *La Biblia en 90 Días NVI* (1S 28:20-2R 25:30).

Progreso personal

Si le resulta útil hacerlo, utilice el siguiente cuadro para registrar el progreso de la lectura esta semana. Establezca un horario de lectura que le quede bien y luego sígalo juiciosamente.

✓	Día	Páginas de La Biblia en 90 Días NVI	El pasaje empieza en:
	1 (hoy)	252-264	1 Samuel 28:20
	2	264-276	2 Samuel 12:11
	3	277-288	2 Samuel 22:19
	4	288-300	1 Reyes 7:38
	5	300-312	1 Reyes 16:21
	6	312-324	2 Reyes 4:38
	7	324-336	2 Reyes 15:27

Si se atrasa en la lectura, aparte un tiempo adicional esta semana para ponerse al día.

Notas personales sobre la lectura

Tómese un momento para registrar lo más importante que experimente durante su lectura esta semana (conocimiento adquirido, preguntas desconcertantes, momentos impactantes).

¡Inténtelo!

Memorice los nombres de los siguientes cinco libros de la Biblia:

N _ehemías_   E _sther_

J _ob_   S _almos_

P _roverbios_

Después de que haya aprendido los nombres anteriores, intente
recordar todos los libros que ha memorizado hasta ahora.

SESIÓN

5

RESUMEN DE LA LECTURA

Discusión de hoy: Páginas 252-336 de *La Biblia en 90 días*
NVI (1S 28:20-2R 25:30)

Lectura para la próxima semana: Páginas 336-420 de *La Biblia*
En 90 días NVI (1Cr 1:1-Neh 13:14)

DISCUSIÓN PARA EL GRUPO PEQUEÑO

Seguimiento de la lectura

1. ¿Cómo estuvo su lectura esta semana? ¿Qué desafíos enfrentó para completar su lectura? ¿Qué fue lo más efectivo que hizo para poder superar esos desafíos?

2. A medida que leía la Biblia esta semana, ¿qué pensamientos o eventos específicos le llamaron la atención o lo sorprendieron? ¿Por qué?

3. ¿Qué preguntas le surgieron durante la lectura para las que quisiera una respuesta?

4. ¿De qué manera la lectura está afectando su perspectiva de Dios, su Palabra y su relación con él?

Revelación de la lectura

Nota: El propósito de las siguientes preguntas es estimular la discusión. No hay necesidad de responderlas antes de la clase o de la reunión del grupo pequeño.

1. ¿Qué promesa importante le hizo Dios a David sobre el futuro de su dinastía? (Ver 2S 7: 11b, 16).

2. ¿Cuáles debilidades y fortalezas en su carácter jugaron un papel crucial en la vida de David? ¿Cuál fue la respuesta de Dios cuando David reconoció sus pecados públicamente y le pidió perdón a Dios? ¿De qué manera las consecuencias de la aventura extramatrimonial de David afectaron a su familia y, finalmente, a toda la nación?

3. ¿Cómo describiría usted a Salomón? ¿Qué le parece admirable (y no tan admirable) de él? ¿Qué lo alejó de Dios? ¿Por qué el pueblo finalmente se rebeló contra él?

4. ¿Qué factores hicieron que la nación de Israel se dividiera en el reino del norte (Israel) y el reino del sur (Judá)?

5. Al considerar la valentía de Elías y Eliseo al oponerse a la adoración de ídolos en el reino del norte de Israel, ¿qué le sorprende de su relación con Dios y con el pueblo? ¿Por qué?

6. ¿Cuál es la tendencia dominante que usted identifica en los diferentes reyes que dirigieron a Israel y Judá? ¿De qué manera desobedecieron a Dios? ¿Qué diferenció al rey Josías de muchos otros reyes? (Ver 2 Reyes 22-23).

¿Sabía usted?

- Después de que el reino de Israel se dividió, ninguno de los diecinueve reyes de Israel hizo lo que le agradaba a Dios. Por eso Dios permitió que Asiria derrotara a Israel en el año 722 A.C. y los sobrevivientes dispersos desaparecieron de la historia registrada. De los diecinueve reyes de Judá, sólo unos cuantos trabajaron para guiar al pueblo hacia Dios, así que Dios permitió que los babilonios destruyeran a Judá y se llevaran el pueblo a Babilonia.

- Jerusalén, la ciudad que el rey David estableció como la ciudad real y capital de Israel, fue poblada por primera vez durante el tercer milenio A.C. La ciudad similar a una fortaleza estaba sobre una colina con profundos valles en tres lados y recibía agua de una fuente subterránea (NIV Study Bible, 431). Las tribus de Judá y Benjamín atacaron la ciudad durante la conquista de Canaán e incendiaron la ciudad, pero los jebusitas la volvieron a tomar después (Jos 15:63). Los israelitas no controlaron Jerusalén sino hasta aproximadamente el año 1000 A.C., cuando David la tomó entrando por un túnel que le daba agua a la ciudad (Handbook, 267). En esa época, la ciudad era muy pequeña, de menos de cinco hectáreas, y no tenía más de 3500 personas. Jerusalén estaba estratégicamente ubicada en la frontera de Israel y Judá, y esto ayudó a David a unir ambos reinos sin mostrar favoritismo por ninguno de los dos (NIV Study Bible, nota en 2S 5:6).

- Dios prometió establecer la <<casa>> de David, una dinastía real que duraría por siempre (2S 7:11-16). En última instancia, Dios cumplió su pacto con David a través del reinado de Jesucristo, quien nació de la casa de David de la tribu de Judá (NIV Study Bible, nota en 2S 7:11).

DISCUSIÓN DEL VIDEO (OPCIONAL)

1. A medida que miraba el video, ¿qué puntos en particular le llamaron la atención? ¿Por qué?

2. ¿Qué aspecto del video mejoró especialmente su comprensión de lo que leyó la semana pasada?

3. ¿Cuáles identificaría usted como los temas clave de esta porción de la Escritura?

4. ¿Qué impacto puede tener en su vida hoy lo que acaba de ver?

Consejo de lectura para esta semana

Si necesita un poco de variedad, intente leer a una hora diferente del día o en un lugar distinto.

Perspectiva general de 1 Crónicas

Escrito para los exiliados que habían regresado a reconstruir Jerusalén bajo Esdras y Nehemías, el primer libro de Crónicas detalla la genealogía e interpreta la historia del pueblo de Dios (principalmente desde 1-2 Samuel y 1-2 Reyes). Notará que se hace un énfasis en los eventos políticos y espirituales del reino de David y las promesas del pacto que Dios estaba cumpliendo al establecer a David como rey de Israel.

Perspectiva general de 2 Crónicas

Este libro registra las obras de todos los reyes de Judá que sucedieron a Salomón. Preste atención a la frecuencia con que aparecen las frases «Se mantuvo siempre fiel al Señor» (15:17) o «Hizo lo que ofende al Señor» (21:6) porque ellas ilustran lo que realmente le importa a Dios (y lo que nos debería importar a nosotros también).

Perspectiva general de Esdras

Tanto Esdras como Nehemías hablan sobre la reconstrucción de Jerusalén. Observe cómo Dios utiliza a Esdras sacerdote y escriba para restaurar la identidad de Israel entre los exiliados judíos. Él desafía al pueblo que ha pasado décadas en la sociedad persa ignorando la ley de Dios y mezclando la adoración al Dios del pacto con la adoración a dioses extranjeros a mantener la ley de Dios.

Perspectiva general de Nehemías

En este libro verá cómo Dios utilizó las oraciones, planes y pasión de Nehemías para lograr grandes cosas. No solo guió al pueblo en la reconstrucción de la muralla alrededor de Jerusalén, sino que ayudó a restaurar la tradición judía y la fidelidad a Dios en la comunidad.

Lea esta semana

Páginas 336-420 de *La Biblia en 90 Días NVI* (1Cr 1:1-Neh 13:14).

Progreso personal

Si le resulta útil hacerlo, utilice el siguiente cuadro para registrar el progreso de la lectura esta semana. Establezca un horario de lectura que le quede bien y luego sígalo juiciosamente.

✓	Día	Páginas de La Biblia en 90 Días NVI	El pasaje empieza en:
	1 (hoy)	336-348	1 Crónicas 1:1
	2	349-360	1 Crónicas 10:1
	3	360-372	1 Crónicas 24:1
	4	372-384	2 Crónicas 7:11
	5	384-396	2 Crónicas 23:16
	6	396-408	2 Crónicas 35:16
	7	408-420	Nehemías 1:1

Si se atrasa en la lectura, aparte un tiempo adicional esta semana para ponerse al día.

Notas personales sobre la lectura

Tómese un momento para registrar lo más importante que experimente durante su lectura esta semana (conocimiento adquirido, preguntas desconcertantes, momentos impactantes).

¡Inténtelo!

Memorice los nombres de los siguientes cinco libros de la Biblia:

E_____   C_____

I_____   J_____

L_____

Después de que haya aprendido los nombres anteriores, intente
recordar todos los libros que ha memorizado hasta ahora.

RESUMEN DE LA LECTURA

Discusión de hoy: Páginas 336-420 de *La Biblia en 90 días*
NVI (1Cr 1:1-Neh 13:14)

Lectura para la próxima semana: Páginas 420-504 de *La Biblia*
En 90 días NVI (Neh 13:15-Sal 89:13)

DISCUSIÓN PARA EL GRUPO PEQUEÑO

Seguimiento de la lectura

1. ¿Cómo estuvo su lectura esta semana? ¿Qué desafíos enfrentó para completar su lectura? ¿Qué fue lo más efectivo que hizo para poder superar esos desafíos?

2. A medida que leía la Biblia esta semana, ¿qué pensamientos o eventos específicos le llamaron la atención o lo sorprendieron? ¿Por qué?

3. ¿Qué pregunta(s) le surgieron durante la lectura para las que quisiera una respuesta?

4. ¿De qué manera la lectura está afectando su perspectiva de Dios, su Palabra y su relación con él?

Revelación de la lectura

Nota: El propósito de las siguientes preguntas es estimular la discusión. No hay necesidad de responderlas antes de la clase o de la reunión del grupo pequeño.

1. Imagínese que usted fuera uno de los exiliados que regresara a Jerusalén. ¿Qué parte del primer libro de Crónicas le habría parecido inspiradora sobre la historia de Israel y las promesas de Dios relacionadas con la dinastía de David? ¿Sobre la necesidad de permanecer fiel a Dios?

2. ¿Qué temas aparecen en la oración de David poco antes de su muerte (1Cr 29) y en la oración de Salomón en la dedicación del templo (2Cr 6)?

3. Cuando leyó el segundo libro de Crónicas, ¿qué notó sobre las actividades de los reyes de Judá?

4. Describa a Esdras y los retos que enfrentó cuando regresó a Jerusalén desde Babilonia. ¿Cómo reaccionó el pueblo cuando Esdras les ayudó finalmente a conocer las leyes de Dios y a reconocer sus malos caminos? ¿Por qué era tan importante para ellos confesar sus pecados y seguir la ley de Dios?

5. ¿Por qué la pureza étnica era tan vital para la existencia de la nación? (Ver Esdras 10 y Neh 9).

6. ¿Con quién estaba la lealtad de Nehemías? ¿De qué maneras demostró su dependencia de Dios y su profundo compromiso con la oración mientras realizaba una gran obra en lo que los persas consideraban una ciudad rebelde?

¿Sabía usted?

- Las lecturas de esta semana han sido una especie de epílogo de la caída de Jerusalén, que es el clímax de la historia del Antiguo Testamento. Aunque el libro de Nehemías no es el final del Antiguo Testamento, sí cubre los eventos finales de la historia del Antiguo Testamento. Los libros restantes del Antiguo Testamento dan información sobre el período de tiempo anterior o proporcionan una perspectiva artística, filosófica o profética de los eventos que usted ya ha leído en su mayoría.

- Esdras se refirió a un problema desagradable cuando habló en contra de los matrimonios mezclados entre el pueblo de Dios y los paganos. Dios prohibía esos matrimonios porque llevaban a la idolatría, pero aun así hubo sacerdotes, reyes y levitas que lo habían hecho. Algunos de los hombres (ver Mal 2:10-16) habían incluso disuelto los matrimonios con mujeres judías para casarse con mujeres idólatras.

- Esdras se refirió a un problema desagradable cuando habló en contra de los matrimonios mezclados entre el pueblo de Dios y los paganos. Dios prohibía esos matrimonios porque llevaban a la idolatría, pero aun así hubo sacerdotes, reyes y levitas que lo habían hecho. Algunos de los hombres (ver Mal 2:10-16) habían incluso disuelto los matrimonios con mujeres judías para casarse con mujeres idólatras.

DISCUSIÓN DEL VIDEO (OPCIONAL)

1. A medida que miraba el video, ¿qué puntos en particular le llamaron la atención? ¿Por qué?

2. ¿Qué aspecto del video mejoró especialmente su comprensión de lo que leyó la semana pasada?

3. ¿Cuáles identificaría usted como los temas claves de esta porción de la Escritura?

4. ¿Qué impacto puede tener en su vida hoy lo que acaba de ver?

Consejo de lectura para esta semana

Recuerde: No se bloquee tratando de entender todo lo que lee. Siga adelante y préstele atención a lo que sí entiende.

Perspectiva general de Ester

Cuando lea la historia de Ester, trate de ponerse en su posición. Observe cómo crece su fe en Dios y note cómo Dios utiliza sus valientes acciones y las de Mardoqueo para salvar a los judíos de la aniquilación. Considere, también, que Ester vivió en Persia como treinta años antes de los eventos registrados en Nehemías. ¿Cómo pudieron sus acciones afectar lo que ocurrió en el tiempo de Nehemías?

Perspectiva general de Job

Préstele mucha atención al escenario de este libro, que probablemente tomó lugar en la época de Abraham, Isaac y Jacob. A medida que lo lea, reflexione sobre la naturaleza del sufrimiento y la fe, sobre quién es Dios y cuánto valora la justicia, y sobre los conflictos espirituales invisibles entre el reino de Dios y el reino de Satanás.

Perspectiva general de Salmos

Mientras lee las poéticas oraciones e himnos de este libro, resalte aquellos con los que usted realmente se identifica. Querrá regresar a ellos para leerlos más profundamente después. Préstele mucha atención a lo que los salmos revelan de la fe, la devoción, la esperanza, la justicia y de Dios como centro de la vida.

Lea esta semana

Páginas 420-504 de *La Biblia en 90 Días NVI* (Neh 13:15-Sal 89:13).

Progreso personal

Si le resulta útil hacerlo, utilice el siguiente cuadro para registrar el progreso de la lectura esta semana. Establezca un horario de lectura que le quede bien y luego sígalo juiciosamente.

✓	Día	Páginas de La Biblia en 90 Días NVI	El pasaje empieza en:
	1 (hoy)	420-433	Nehemías 13:15
	2	433-444	Job 8:1
	3	444-456	Job 25:1
	4	456-468	Job 42:1
	5	468-480	Salmo 25:1
	6	480-492	Salmo 45:15
	7	492-504	Salmo 69:22

Si se atrasa en la lectura, aparte un tiempo adicional esta semana para ponerse al día.

Notas personales sobre la lectura

Tómese un momento para registrar lo más importante que experimente durante su lectura esta semana (conocimiento adquirido, preguntas desconcertantes, momentos impactantes).

¡Inténtelo!

Memorice los nombres de los siguientes cinco libros de la Biblia:

E_____ D_____

O_____ J_____

A_____

Después de que haya aprendido los nombres anteriores, intente recordar todos los libros que ha memorizado hasta ahora.

RESUMEN DE LA LECTURA

Discusión de hoy: Páginas 420-504 de *La Biblia en 90 días*
NVI (Neh 13:15-Sal 89:13)

Lectura para la próxima semana: Páginas 504-588 de *La Biblia*
En 90 días NVI (Sal 89:14-Is 13:22)

DISCUSIÓN PARA EL GRUPO PEQUEÑO

Seguimiento de la lectura

1. ¿Cómo estuvo su lectura esta semana? ¿Qué desafíos enfrentó para completar su lectura? ¿Qué fue lo más efectivo que hizo para poder superar esos desafíos?

2. A medida que leía la Biblia esta semana, ¿qué pensamientos o eventos específicos le llamaron la atención o lo sorprendieron? ¿Por qué?

3. ¿Qué pregunta(s) le surgieron durante la lectura para las que quisiera una respuesta?

4. ¿De qué manera la lectura está afectando su perspectiva de Dios, su Palabra y su relación con él?

Revelación de la lectura

Nota: El propósito de las siguientes preguntas es estimular la discusión. No hay necesidad de responderlas antes de la clase o de la reunión del grupo pequeño.

1. Como la palabra *Dios* no aparece en el libro de Ester, ¿por qué cree usted que este libro está incluido en la Biblia?

2. ¿Qué revela la historia de Ester sobre la fe y la confianza en Dios y la relación entre la responsabilidad de los hombres y la soberanía divina?

3. Mucha gente ve Job como un libro sobre el sufrimiento y la paciencia. Dé un argumento para sustentar que el libro en realidad trata sobre la fe

4. ¿Cómo respondió Dios las preguntas de Job? ¿De qué manera la respuesta de Dios a Job contesta las preguntas difíciles de su vida? ¿Qué tan satisfactoria es esa respuesta para usted?

5. ¿Con qué salmo(s) que haya leído esta semana se identificó usted particularmente? ¿Por qué?

6. ¿De qué manera las lecturas de esta semana impactaron su opinión sobre un evento actual o una experiencia personal?

¿Sabía usted?

- Dios le ordenó al rey Saúl que ejecutara a los amalecitas y a su malvado rey Agag porque los amalecitas fueron el primer pueblo que atacó a los israelitas después de su salida de Egipto (Éx 17:8-16; 1S 15:2). Pero Saúl le desobedeció a Dios y perdonó a Agag. ¡Al parecer, Amán era descendiente de Agag! (Est 3:1) Por medio de Amán, Satanás trató de destruir de nuevo al pueblo de Dios y sus planes revelados. En juego estaba no sólo la existencia de los judíos sino la futura venida de Jesús, el Mesías.

- En su defensa, Job se describió como un hombre sano (capítulo 29) que ocupaba su puesto<<en el consejo de la ciudad>>. Esto significa que Job había sido un líder influyente en su comunidad. En los tiempos antiguos, los ancianos de la ciudad presidían los casos legales y los negocios administrativos más importantes en las puertas de la ciudad, el equivalente de lo que llamaríamos hoy el "ayuntamiento" (NIV Study Bible, notas en Job 29:7, Rt 4:1, Gn 19:1).

- El libro de los Salmos fue recopilado durante un período de seiscientos años desde la época de David hasta la época de Esdras (You Are Here in the Bible, Salmos). Algunos salmos fueron escritos hasta mil años antes del nacimiento de Jesús, pero señalan claramente al Mesías que vendría (ver Salmo 2, 8, 16, 22, 69, 72, 89, 110, 118, 132). La naturaleza profética de los salmos se valida en el Nuevo Testamento, que hace referencia a por lo menos diecisiete partes en donde el libro de los Salmos se refiere a Cristo.

DISCUSIÓN DEL VIDEO (OPCIONAL)

1. A medida que miraba el video, ¿qué puntos en particular le llamaron la atención? ¿Por qué?

2. ¿Qué aspecto del video mejoró especialmente su comprensión de lo que leyó la semana pasada?

3. ¿Cuáles identificaría usted como los temas clave de esta porción de la Escritura?

4. ¿Qué impacto puede tener en su vida hoy lo que acaba de ver?

Consejo de lectura para esta semana

Lea atentamente y consolide la amplia perspectiva general de la historia bíblica
que está adquiriendo por medio de su lectura.

Perspectiva general de Salmos

Siga resaltando los salmos particulares con los que usted se identifica específicamente. Considere las muchas formas como los salmistas alaban a Dios por lo que Él es y por lo que ha hecho. Tome nota de las referencias que encuentra en los salmos a eventos sobre los cuales usted ya ha leído (por ejemplo, el tiempo que Israel anduvo en el desierto se describe en el Salmo 95:10).

Perspectiva general de Proverbios

A medida que lea este libro de dichos cortos que ilustran principios generales para tomar decisiones sabias en la vida, observe la repetición de varios temas, como las relaciones familiares, el trabajo fructífero, la fidelidad, la reverencia y la confianza en Dios el Creador, los caminos y las consecuencias de la necedad, las responsabilidades, etc.. Compare lo que Proverbios dice de la sabiduría con lo que mucha gente diría hoy sobre ella.

Perspectiva general de Eclesiastés

A medida que reflexione en esta exploración sobre el significado y lo absurdo de la vida, no pierda de vista el sutil tema de que, a pesar de la confusión, incertidumbre y dolor, hay un Dios que ha puesto la eternidad en nuestros corazones, que desea nuestro amor y reverencia y que nos ofrece esperanza en él. Aunque gran parte del libro expresa lo absurdo de una vida sin Dios, observe la declaración final de esperanza.

Perspectiva general de Cantar de los Cantares

La celebración del amor en este libro es con frecuencia interpretada de varias formas: como una alegoría, como literatura de sabiduría, como un poema de amor o como una combinación de todos. A medida que lea, reflexione en las imágenes del amor sexual, de la fidelidad marital y de cómo la pareja puede disfrutar sin vergüenza alguna la sexualidad que Dios le dio.

Perspectiva general de Isaías

Observe los fuertes temas de destrucción y redención que se presentan dentro del contexto de la confusión espiritual de Judá y otras naciones. No se preocupe demasiado por las visiones y profecías difíciles de entender. Busque las alusiones a eventos que ya ha leído, como Sodoma y Gomorra (Is 1:9).

Lea esta semana

Páginas 504-588 de *La Biblia en 90 Días NVI* (Sal 89:14-Is 13:22).

Progreso personal

Si le resulta útil hacerlo, utilice el siguiente cuadro para registrar el progreso de la lectura esta semana. Establezca un horario de lectura que le quede bien y luego sígalo juiciosamente.

✓	Día	Páginas de La Biblia en 90 Días NVI	El pasaje empieza en:
	1 (hoy)	504-517	Salmo 89:14
	2	517-528	Salmo 109:1
	3	528-540	Salmo 135:1
	4	540-552	Proverbios 7:1
	5	552-564	Proverbios 20:22
	6	564-576	Eclesiastés 3:1
	7	577-588	Isaías 1:1

Si se atrasa en la lectura, aparte un tiempo adicional esta semana para ponerse al día.

Notas personales sobre la lectura

Tómese un momento para registrar lo más importante que experimente durante su lectura esta semana (conocimiento adquirido, preguntas desconcertantes, momentos impactantes).

¡Inténtelo!

Memorice los nombres de los siguientes cinco libros de la Biblia:

A_____   J_____

M_____   N_____

H_____

Después de que haya aprendido los nombres anteriores, intente recordar todos los libros que ha memorizado hasta ahora.

RESUMEN DE LA LECTURA

Discusión de hoy: Páginas 504-588 de *La Biblia en 90 días*
NVI (Sal 89:14-Is 13:22)

Lectura para la próxima semana: Páginas 588-672 de *La Biblia*
En 90 días NVI (Is 14:1-Jer 33:22)

DISCUSIÓN PARA EL GRUPO PEQUEÑO

Seguimiento de la lectura

1. ¿Cómo estuvo su lectura esta semana? ¿Qué desafíos enfrentó para completar su lectura? ¿Qué fue lo más efectivo que hizo para poder superar esos desafíos?

2. A medida que leía la Biblia esta semana, ¿qué pensamientos o eventos específicos le llamaron la atención o lo sorprendieron? ¿Por qué?

3. ¿Qué pregunta(s) le surgieron durante la lectura para las que quisiera una respuesta?

4. ¿De qué manera la lectura está afectando su perspectiva de Dios, su Palabra y su relación con él?

Revelación de la lectura

Nota: El propósito de las siguientes preguntas es estimular la discusión. No hay necesidad de responderlas antes de la clase o de la reunión del grupo pequeño.

1. Muchos de los salmos de la lectura de esta semana eran salmos de gratitud y alabanza a Dios por lo que Él es y por lo que ha hecho. ¿De qué nuevas maneras puede usted alabar a Dios y agradecerle como resultado de su lectura?

2. Aunque el libro de Proverbios ofrece sabiduría abundante para tomar decisiones que por lo general producen resultados más deseables en la vida, ¿por qué es importante recordar que Dios no *garantiza* unos resultados particulares si adoptamos esos principios generales?

3. ¿Cuál es su proverbio preferido y por qué es significativo para usted? ¿Qué cambios podrían ocurrir en el mundo si más personas practicaran el principio general expresado en ese proverbio?

4. ¿De qué manera fue desafiada o transformada su perspectiva de la vida al leer Eclesiastés? ¿Cuál cree usted que es el fundamento de la verdadera sabiduría y de una vida con significado?

5. Eclesiastés y Cantar de los Cantares son libros que se le atribuyen a Salomón, pero son muy distintos. El espíritu dominante de Eclesiastés se puede describir en tres preguntas: ¿Qué puedo conseguir? ¿Dónde puedo hallar placer? ¿Qué hará la vida por mí? Por el contrario, ¿cómo describiría usted el espíritu de Cantar de los Cantares?

6. Cantar de los Cantares ha sido interpretado de muchas maneras: (1) Una alegoría que describe el amor de Dios. (2) Literatura de sabiduría que describe la relación ideal entre el esposo y la esposa. (3) Una canción de amor de Salomón a una mujer campesina (quizás su primera esposa). O (4) una combinación de las anteriores. ¿Qué piensa usted?

¿Sabía usted?

- El salmo 114, el <<himno de la Pascua>>, celebra el éxodo y probablemente fue compuesto después de que Israel y Judá se dividieron. Es probable que haya sido escrito para el uso litúrgico en el templo durante una fiesta religiosa. Los eruditos consideran este himno como una de las canciones más artísticas del salterio (NIV Study Bible, nota para Sal 114).

- En el libro de Proverbios se utilizan con frecuencia imágenes vívidas de la vida diaria para comunicar principios. Considere, por ejemplo, las siguientes: (1) Rubíes, que eran las joyas más valiosas del mundo antiguo. Proverbios 3:15 compara la sabiduría con los rubíes y Proverbios 31:10 compara a la esposa de noble carácter con los rubíes. (2) Los "multicolores linos egipcios" (Pr 7:16). Los linos egipcios eran costosos, así que se asocian con las riquezas. (3) La plata se pesaba en balanzas (Pr 11:1), equilibradas contra un peso de una piedra específica. La gente deshonesta clasificaba los pesos indebidamente. (NIV Study Bible, notas de los versículos).

- El <<saquito de mirra>> que se menciona en Cantar de los Cantares 1:13 era una resina aromática que se obtenía de los árboles de balsamina de India, Etiopía y Arabia. Esta resina se utilizaba como perfume y era también un ingrediente del aceite santo de la unción. Los magos le trajeron mirra a Jesús como regalo (Mateo 2:2,11).

DISCUSIÓN DEL VIDEO (OPCIONAL)

1. A medida que miraba el video, ¿qué puntos en particular le llamaron la atención? ¿Por qué?

2. ¿Qué aspecto del video mejoró especialmente su comprensión de lo que leyó la semana pasada?

3. ¿Cuáles identificaría usted como los temas clave de esta porción de la Escritura?

4. ¿Qué impacto puede tener en su vida hoy lo que acaba de ver?

Consejo de lectura para esta semana

Al leer los libros de los profetas, es útil recordar a quién le escribe el profeta, cuándo escribe el profeta y las circunstancias del público del profeta.

Perspectiva general de Isaías

Las fuertes advertencias de destrucción continúan, pero a medida que avanza el libro usted descubrirá un mensaje de consuelo, ánimo y una esperanza futura. Preste atención a la alabanza que Isaías le ofrece a Dios, a la hermosa poesía de los capítulos 36-39 y las poderosas imágenes que utiliza Isaías.

Perspectiva general de Jeremías

¡Imagínese lo que ha debido ser hablar en contra del pecado del pueblo de Dios durante cuarenta años! Aunque Jeremías no fue popular entre sus contemporáneos, es el profeta que Jesús citó con más frecuencia. A medida que lea, note con cuánta frecuencia Jeremías le advierte al reino de Judá que deje de cometer adulterio, de utilizar prácticas de adoración pervertidas y, en general, de alejarse de Dios. Note cómo le responde el pueblo a Jeremías a medida que él se mantiene fiel a su misión y las duras preguntas que Jeremías sigue haciendo.

Lea esta semana

Páginas 588-672 de *La Biblia en 90 Días NVI* (Is 14:1-Jer 33:22).

Progreso personal

Si le resulta útil hacerlo, utilice el siguiente cuadro para registrar el progreso de la lectura esta semana. Establezca un horario de lectura que le quede bien y luego sígalo juiciosamente.

✓	Día	Páginas de La Biblia en 90 Días NVI	El pasaje empieza en:
	1 (hoy)	588-600	Isaías 14:1
	2	600-612	Isaías 29:1
	3	612-624	Isaías 41:19
	4	624-636	Isaías 52:13
	5	636-648	Isaías 66:19
	6	648-660	Jeremías 10:14
	7	660-672	Jeremías 23:9

Si se atrasa en la lectura, aparte un tiempo adicional esta semana para ponerse al día.

Notas personales sobre la lectura

Tómese un momento para registrar lo más importante que experimente durante su lectura esta semana (conocimiento adquirido, preguntas desconcertantes, momentos impactantes).

¡Inténtelo!

Memorice los nombres de los siguientes cinco libros de la Biblia:

S_____   H_____

Z_____   M_____

Después de que haya aprendido los nombres anteriores, intente recordar todos los libros que ha memorizado hasta ahora.

SESIÓN

9

RESUMEN DE LA LECTURA

Discusión de hoy: Páginas 588-672 de *La Biblia en 90 días NVI* (Is 14:1-Jer 33:22)

Lectura para la próxima semana: Páginas 672-756 de *La Biblia En 90 días NVI* (Jer 33:23-Dn 8:27)

DISCUSIÓN PARA EL GRUPO PEQUEÑO

Seguimiento de la lectura

1. ¿Cómo estuvo su lectura esta semana? ¿Qué desafíos enfrentó para completar su lectura? ¿Qué fue lo más efectivo que hizo para poder superar esos desafíos?

2. A medida que leía la Biblia esta semana, ¿qué pensamientos o eventos específicos le llamaron la atención o lo sorprendieron? ¿Por qué?

3. ¿Qué pregunta(s) le surgieron durante la lectura para las que quisiera una respuesta?

4. ¿De qué manera la lectura está afectando su perspectiva de Dios, su Palabra y su relación con él?

Revelación de la lectura

Nota: El propósito de las siguientes preguntas es estimular la discusión. No hay necesidad de responderlas antes de la clase o de la reunión del grupo pequeño.

1. ¿Cuáles cree usted que son los temas e incidentes principales registrados en Isaías? Y, ¿en Jeremías?

2. La asombrosa santidad de Dios, nuestra injusticia y necesidad de purificación, y la promesa de Dios de la redención y la restauración son temas claves del llamado de Dios a la vida de Isaías (Is 6). ¿De qué maneras son evidentes estos temas en todo el libro de Isaías?

3. Lea en voz alta algunos de los pasajes proféticos del libro de Isaías sobre el Mesías que habría de venir. ¿Qué revelan esos pasajes sobre él y la esperanza que le aguarda al pueblo de Dios?

4. Tanto Isaías como Jeremías fueron portavoces de Dios ante reyes impíos de Judá. ¿Cómo se sentía cada profeta sobre la responsabilidad que Dios les había dado? ¿Cómo se sentiría usted si se le asignara ser un tipo similar de portavoz de Dios hoy?

5. ¿Qué imagen común de la vida diaria utilizó Dios para comunicarle su mensaje a Jeremías, y qué objeto común de la vida diaria utilizó Jeremías para comunicarle el mensaje de Dios al pueblo (Jer 18-20)? ¿Qué tan efectiva fue la comunicación de Jeremías? ¿Cuál fue el resultado?

6. ¿De qué manera(s) las lecturas de esta semana impactaron su perspectiva sobre un evento actual o una experiencia personal?

¿Sabía usted?

- El papel principal del profeta del Antiguo Testamento no era darle a las personas una idea de los eventos futuros sino animar a la gente a vivir de la manera que Dios quería, una manera que reflejara su relación con Dios. Los profetas eran responsables de decir claramente lo que Dios les había dicho que dijeran. No obstante, quienes escuchaban también tenían responsabilidades. Eran, por supuesto, responsables de escuchar y hacer caso a lo que se les decía, de convertir su fe en acción, de practicar la justicia y la santidad y de amar a su Dios. También eran responsables de evaluar si el profeta en realidad hablaba de parte de Dios, responsables de ser honestos consigo mismos y con Dios, y en especial de no intentar sobornar al profeta para que diera mensajes bonitos que sólo contenían las cosas que querían escuchar. (Is 30:10-11; Jer 5:31). (Ver Handbook, 423-424).

- Algunas de las profecías de Isaías se relacionaban con eventos inminentes, no sólo distantes. Por ejemplo, en Isaías 10:24-27, predijo que Dios aniquilaría al ejército asirio. Esto ocurrió en el año 701 A.C. (NIV Study Bible, nota para Is 9:4).

- En la época en la que Isaías profetizó contra la ciudad de Babilonia, sus hermosos templos y palacios eran conocidos en todo el mundo. De hecho, los jardines colgantes del rey Nabucodonosor (605 562 A.C.) eran una de las siete maravillas del mundo antiguo (NIV Study Bible, nota para Is 13:19). Además, la ciudad se jactaba de tener increíbles canales, numerosos monumentos, una torre del templo de 90 metros de alto y unas murallas tan anchas que una carroza de cuatro caballos podía girar encima de ellas. (NIV Study Bible, 1325). Los babilonios produjeron la caída de Jerusalén y Judá entre el año 605 y 586 A.C., pero Ciro el persa conquistó Babilonia en el año 539 A.C. (NIV Study Bible, nota para Is 13:1). El rey persa Jerjes destruyó casi por completo a Babilonia en el año 478 A.C. y después de la época de Alejandro el Grande en el año 330 A.C., Babilonia cayó en el completo abandono y ha permanecido así (NIV Study Bible, nota para Is 13:20). Apocalipsis 18:2 describe a la Babilonia en ruinas como una morada de demonios y espíritus malignos.

DISCUSIÓN DEL VIDEO (OPCIONAL)

1. A medida que miraba el video, ¿qué puntos en particular le llamaron la atención? ¿Por qué?

2. ¿Qué aspecto del video mejoró especialmente su comprensión de lo que leyó la semana pasada?

3. ¿Cuáles identificaría usted como los temas clave de esta porción de la Escritura?

4. ¿Qué impacto puede tener en su vida hoy lo que acaba de ver?

Consejo de lectura para esta semana

Recuerde: No espere entender todo lo que lee.
Preste atención a lo que entiende y no se
preocupe por el resto.

Perspectiva general de Jeremías

La persecución y el sufrimiento de Jeremías aumentan a medida que se acerca el juicio de Dios; de hecho, está en cadenas cuando los babilonios se toman a Jerusalén. Preste especial atención al papel continuo de Jeremías como mensajero de Dios para el remanente de Judá que no es llevado a Babilonia. Considere lo que les sucede a ellos y cómo Dios responde a las naciones que se han enfrentado a su pueblo

Perspectiva general de Lamentaciones

A medida que lea este libro poético de lamentos sobre la destrucción de Jerusalén en el año 586 A.C. y las descripciones de la devastación y la masacre, trate de imaginar la profunda pérdida de los judíos. No sólo han destruido la ciudad y el templo sino que ellos han sido llevados al exilio y apartados de la tierra que Dios les había dado. Aunque Dios ordenó el castigo, observe la esperanza, el amor, la fidelidad y la salvación que sigue ofreciendo.

Perspectiva general de Ezequiel

Aunque hay partes de Ezequiel que son difíciles de entender, preste atención al tema constante de que Dios es soberano sobre las naciones, los pueblos, la historia y toda la creación. A medida que lea, piense porqué Dios repite las variaciones de: «Sabrán que yo soy el Señor». Observe, también, el tema de la santidad y lo que Ezequiel predice sobre el plan de redención de Dios que se desarrollará en el Nuevo Testamento.

Perspectiva general de Daniel

Desde las primeras páginas de este libro, Daniel se destaca como líder, espiritual y políticamente. Observe las cualidades de la relación de Daniel con Dios: su fidelidad, su fe en Dios y su compromiso con la oración. Observe también el tema repetitivo de la soberanía de Dios sobre todos los pueblos (Dn 4:17, 5:21).

Lea esta semana

Páginas 672-756 de *La Biblia en 90 Días NVI* (Jer 33:23- Dn 8:27).

Progreso personal

Si le resulta útil hacerlo, utilice el siguiente cuadro para registrar el progreso de la lectura esta semana. Establezca un horario de lectura que le quede bien y luego sígalo juiciosamente.

✓	Día	Páginas de La Biblia en 90 Días NVI	El pasaje empieza en:
	1 (hoy)	672-684	Jeremías 33:23
	2	684-696	Jeremías 48:1
	3	696-708	Lamentaciones 2:1
	4	708-720	Ezequiel 12:21
	5	720-732	Ezequiel 23:40
	6	733-744	Ezequiel 36:1
	7	745-756	Ezequiel 47:13

Si se atrasa en la lectura, aparte un tiempo adicional esta semana para ponerse al día.

Notas personales sobre la lectura

Tómese un momento para registrar lo más importante que experimente durante su lectura esta semana (conocimiento adquirido, preguntas desconcertantes, momentos impactantes).

¡Inténtelo!

Repase los nombres de los treinta y nueve libros del Antiguo Testamento:

G_____   E_____

L_____   N_____

D_____   J_____

J_____   R_____

1 S_____   2 S_____

1 R_____   2 R_____

1 C_____   2 C_____

E_____   N_____

E_____   J_____

S_____   P_____

E_____   C_____

I_____   J_____

L_____   E_____

D_____   O_____

J_____   A_____

A_____   J_____

M_____   N_____

H_____   S_____

H_____   Z_____

M_____

RESUMEN DE LA LECTURA

Discusión de hoy: Páginas 672-756 de *La Biblia en 90 días NVI* (Jer 33:23-Dn 8:27)

Lectura para la próxima semana: Páginas 756-840 de *La Biblia En 90 Días NVI* (Dn 9:1-Mt 26:56)

DISCUSIÓN PARA EL GRUPO PEQUEÑO

Seguimiento de la lectura

1. ¿Cómo estuvo su lectura esta semana? ¿Qué desafíos enfrentó para completar su lectura? ¿Qué fue lo más efectivo que hizo para poder superar esos desafíos?

2. A medida que leía la Biblia esta semana, ¿qué pensamientos o eventos específicos le llamaron la atención o lo sorprendieron? ¿Por qué?

3. ¿Qué preguntas le surgieron durante la lectura para las que quisiera una respuesta?

4. ¿De qué manera la lectura está afectando su perspectiva de Dios, su Palabra y su relación con él?

Revelación de la lectura

Nota: El propósito de las siguientes preguntas es estimular la discusión. No hay necesidad de responderlas antes de la clase o de la reunión del grupo pequeño.

1. ¿En qué maneras Jeremías sufrió como resultado de su llamado profético de parte de Dios? ¿Qué cosas nuevas aprendió en la lectura de esta semana sobre la caída de Jerusalén y el destino de la tribu de Judá?

2. ¿Qué pensó y sintió al leer Lamentaciones? ¿Qué imágenes le llamaron la atención? ¿Qué temas surgieron en relación con el carácter de Dios? (Ver Lm 3).

3. ¿Qué tema(s) importante(s) ocurre(n) en el libro de Ezequiel? ¿Por qué era tan importante que el pueblo de Dios comprendiera esos temas?

4. Ezequiel se conoce por ser un libro altamente visual. El profeta tuvo algunas visiones extrañas de parte de Dios y con frecuencia utilizaba imágenes fuertes e incluso chocantes para comunicar el mensaje de Dios a las personas. ¿Cuáles fueron algunas de esas imágenes y qué significaban?

5. ¿Cuál de las características personales de Daniel le llamó la atención? ¿Por qué? ¿De qué maneras Daniel puso su fe en Dios en acción? ¿Qué podemos aprender de su ejemplo sobre seguir y servir fielmente a Dios en una cultura hostil?

6. ¿Qué revela la interpretación que hizo Daniel del sueño del rey Nabucodonosor (Dn 2) sobre la presencia de Dios y la forma como se involucra en el mundo? ¿Por qué sería esto importante para el público original, los judíos que vivían en el exilio en Babilonia?

¿Sabía usted?

- La frase <<hijo del hombre>> es utilizada noventa y tres veces (NIV Study Bible, nota para Ez 2:1) en el libro de Ezequiel para enfatizar la humanidad de Ezequiel, pero la frase se utiliza como un título propio en el libro de Daniel. En la visión de Daniel (Dn 7:13-14), él vio el hijo del hombre como una figura celestial a quien Dios reviste de gloria, autoridad y poder soberano durante el fin de los tiempos y cuyo reino durará por siempre. Algunos siglos después, Jesús utilizó ese término ochenta y un veces (NIV Study Bible, nota para Mr 8:31) para describirse a sí mismo, mostrando así que Él era la figura escatológica de quien Daniel habló.

- Aunque Dios los sacó de la Tierra Prometida y los llevó al exilio por su continua desobediencia, Él nunca abandonó al pueblo del pacto. Es interesante que Dios siguió llamando a su pueblo exiliado por el nombre de <<Israel>>, el nombre del pacto (Ez 2:3; 3:4-5:7; ver NIV Study Bible, nota para Ez 2:1-3:15). Incluso durante la cautividad del pueblo, Dios siguió llevando a cabo su plan de redención.

- Los profetas del Antiguo Testamento utilizaban frecuentemente el término prostitución para describir al desobediente pueblo de Dios. Pero su utilización no se refiere solamente al acto de prostitución sexual o a la idolatría. Algunas veces se refiere a las alianzas de Israel con naciones paganas y su preocupación con la política mundana, como poner la confianza en sus propias habilidades y en su capacidad de encontrar seguridad en vez de confiar completamente en Dios (NIV Study Bible, nota para Ez 23:5)

DISCUSIÓN DEL VIDEO (OPCIONAL)

1. A medida que miraba el video, ¿qué puntos en particular le
   llamaron la atención? ¿Por qué?

2. ¿Qué aspecto del video mejoró especialmente su comprensión de lo
   que leyó la semana pasada?

3. ¿Cuáles identificaría usted como los temas clave de esta porción de
   la Escritura?

4. ¿Qué impacto puede tener en su vida hoy lo que acaba de ver?

Consejo de lectura para esta semana

Al leer, tenga en cuenta a quién le escribe el profeta, cuándo escribe el profeta y las circunstancias del público del profeta. Lea la tabla <<Los profetas en su lugar>> en las páginas 105-106.

Los profetas en su lugar

Libro	Era	Público	Tema(s)
Isaías (Cáp. 1-39)	Antes del exilio ¿Aprox. 700 A.C.?	Judá	Juicio contra Judá e Israel; profecías de promesa y bendición; juicios contra las naciones.
Isaías (Cáp. 40-55)	Exilio ¿Aprox. 680 A.C.?	Judá	Liberación y restauración de Israel; el ministerio del siervo; el llamado de Dios a la salvación.
Isaías (Cáp. 56-66)	Incierta	Judá	Condenación de los malos; adoración; restauración; liberación eterna, juicio eterno.
Jeremías	Antes del exilio Siglo VI / VII A.C.	Judá	Advertencias y exhortaciones; su sufrimiento; caída de Jerusalén; juicio contra las naciones.
Lamentaciones (Jeremías)	Antes del exilio/exilio Aprox. 580 A.C.	Judá	Lamentos por la destrucción de Jerusalén.
Ezequiel	Exilio Siglo VI A.C.	Judíos en Babilonia	Soberanía de Dios sobre la creación, las personas, las naciones y la historia; la santidad de Dios; juicio contra Judá y las naciones paganas; la obra futura de Dios en la historia.
Daniel	Exilio Aprox. 530 A.C.	Judíos en Babilonia	Oración, guerra espiritual, vivir según los estándares de Dios en un ambiente hostil, soberanía de Dios.
Oseas	Antes del exilio Siglo VIII A.C.	Israel	Así como Oseas es traicionado por su amada, Dios es traicionado por su amado Israel. Un compromiso de amor puede superar la traición.
Joel	Antes del exilio Incierta	Judá	El pueblo de Dios tiene dos opciones: seguir haciendo lo malo y ser juzgado o arrepentirse y recibir el perdón y la salvación de Dios

Libro	Era	Público	Tema(s)
Amós	Antes del exilio Siglo VIII A.C.	Israel	Israel ignora lo que le importa a Dios la justicia, la misericordia y la alabanza del corazón y el juicio inminente de Dios
Abdías	Antes del exilio Aprox. 587 A.C.	Edom	Los edomitas, que trataron injustamente a Israel, ahora enfrentan la ira de Dios.
Jonás	Antes del exilio Siglo VIII A.C.	Asiria	El perdón de Dios para nosotros, nuestra necesidad de perdonar a los demás.
Miqueas	Antes del exilio Siglo VII A.C.	Judá	El juicio de Dios por la idolatría y la opresión; su misericordia para el obediente; nuestra necesidad de mostrar misericordia; el Mesías venidero.
Nahum	Antes del exilio Siglo VII A.C.	Asiria	El juicio de Asiria y su capital, Nínive.
Habacuc	Antes del exilio Siglo VII A.C.	Judá	¿Dios ignora la maldad o tomará venganza?
Sofonías	Antes del exilio Siglo VII A.C.	Judá	El día de juicio está por venir; promesa de cierre.
Hageo	Después del exilio Siglo VI A.C.	Judíos en Jerusalén	Las bendiciones de Dios y lo que los judíos hicieron para detenerlas; reconstruir el templo.
Zacarías	Después del exilio ¿Siglo VI / V A.C.?	Después del exilio ¿Siglo VI/V A.C.?	El aliento de Dios para los exiliados que regresaron de Babilonia; profecías sobre el Mesías venidero; salvación.
Malaquías	Después del exilio ¿Siglo V / IV A.C.?	Judíos en Jerusalén	La disposición de Dios para reemplazar el antiguo pacto con el nuevo; profecías sobre el Mesías que abrirá el nuevo pacto.

[Fuente de información: **Zondervan Handbook of the Bible**, 411, y el autor]

Lea esta semana

Páginas 756-839 de *La Biblia en 90 Días NVI* (Dn 9:1-Mt 26:56).
Está a punto de leer una maratón de profetas; la tabla anterior le ayudará a reconocer los temas claves en estos libros.

Progreso personal

Si le resulta útil hacerlo, utilice el siguiente cuadro para registrar el progreso de la lectura esta semana. Establezca un horario de lectura que le quede bien y luego sígalo juiciosamente.

✓	Día	Páginas de La Biblia en 90 Días NVI	El pasaje empieza en:
	1 (hoy)	756-768	Daniel 9:1
	2	768-780	Oseas 13:7
	3	781-792	Amós 9:11
	4	792-805	Habacuc 1:1
	5	805-815	Zacarías 11:1
	6	816-828	Mateo 5:1
	7	828-840	Mateo 16:1

Si se atrasa en la lectura, aparte un tiempo adicional esta semana para ponerse al día.

Notas personales sobre la lectura

Tómese un momento para registrar lo más importante que experimente durante su lectura esta semana (conocimiento adquirido, preguntas desconcertantes, momentos impactantes).

¡Inténtelo!

Memorice los nombres de los cinco primeros libros del Nuevo Testamento:

M_____ M_____

L_____ J_____

H_____

RESUMEN DE LA LECTURA

Discusión de hoy: Páginas 756-840 de *La Biblia en 90 días NVI*
  (Dn 9:1-Mt 26:56)

Lectura para la próxima semana: Páginas 840-924 de *La Biblia En 90 Días NVI* (Mt 26:57-Hech 6:7)

DISCUSIÓN PARA EL GRUPO PEQUEÑO

Seguimiento de la lectura

1. ¿Cómo estuvo su lectura esta semana? ¿Qué desafíos enfrentó para completar su lectura? ¿Qué fue lo más efectivo que hizo para poder superar esos desafíos?

2. A medida que leía la Biblia esta semana, ¿qué pensamientos o eventos específicos le llamaron la atención o lo sorprendieron? ¿Por qué?

3. ¿Qué preguntas le surgieron durante la lectura para las que quisiera una respuesta?

4. ¿De qué manera la lectura está afectando su perspectiva de Dios, su Palabra y su relación con él?

Revelación de la lectura

Nota: El propósito de la siguiente explicación y las siguientes preguntas es estimular la discusión. No hay necesidad de responderlas antes de la clase o de la reunión del grupo pequeño.

¡Bienvenido al Nuevo Testamento!

La historia del Antiguo Testamento cubre un período de tiempo de aproximadamente dos mil años. Al final de ese tiempo, Dios castigó severamente a su pueblo y lo dispersó porque repetidamente se habían negado a obedecer el pacto que había hecho con ellos. Durante los siguientes cuatrocientos años que algunos historiadores llaman «los años del silencio» no hubo escritos nuevos, inspirados por Dios.

Sin embargo, la fe judía siguió evolucionando durante este período. Los judíos regresaron a la tierra de Israel y adoraban a Dios en sinagogas locales. Siguieron ofreciendo sacrificios y adoración en el templo que el rey Herodes construyó en Jerusalén. Siguieron observando las leyes de la circuncisión, guardando el día de reposo y las leyes levíticas sobre los alimentos. Los eruditos judíos también produjeron la Septuaginta, una traducción al griego de los primeros cinco libros de la Biblia (Torah).

Para el primer siglo D.C., los judíos se habían dividido en varias sectas, cada una con sus propias creencias y tradiciones sobre la ley. Una de las sectas dominantes, los fariseos, observaba estrictamente las tradiciones legalistas. Intentaron volver a interpretar la ley de Moisés para poder vivir una vida recta delante de Dios, con todos los cambios que había habido desde la época de Moisés (*NIV Study Bible*, nota para Hech 15:1). Creían en los ángeles, en los demonios, en la resurrección de los muertos y en la inmortalidad. Los saduceos aristocráticos, la secta dominante de la época, controlaban la organización del templo (incluyendo los sumos sacerdotes) y el Sanedrín (el consejo supremo de los judíos). Los saduceos eran rigurosos en la pureza levítica e interpretaban la ley mosaica más literalmente que los fariseos. No creían en los ángeles, en los demonios, en la resurrección de los muertos ni en la inmortalidad.

En medio de esta confusión y lucha de poderes dentro de la fe judía, Dios una vez más metió su mano en la historia de la humanidad. Dios cumplió las promesas del Antiguo Testamento al enviar al tan esperado Hijo de David, Jesucristo el Mesías. Como lo explica cuidadosamente Mateo, Jesús vino no sólo a comunicar la verdad de Dios sino a establecer un nuevo pacto con todos los que conformarían el pueblo de Dios. No sorprende, entonces, que el libro de Mateo, que es el primer libro del Nuevo Testamento y el primero de los cuatro Evangelios que nos cuenta sobre la vida, ministerio y propósito de Jesús, empiece con el linaje davídico de Jesús para mostrarles a los lectores judíos que Jesús cumplió las profecías del Antiguo Testamento y que Dios estaba empezando un nuevo pacto.

Mateo proporciona los detalles de cómo Dios envió a su Hijo, el Mesías, para abrir el camino para que todas las personas judíos y gentiles por igual recibieran la vida eterna a través de la vida, muerte y resurrección de Jesús. Mateo presenta todo el plan de salvación de acuerdo con el nuevo pacto, un pacto que está escrito en el corazón y produce una nueva vida espiritual que no se basa en la evidencia externa de la obediencia sino en la vida del Espíritu dentro de las personas. Y Mateo proclama la promesa que un día Jesús el Mesías regresará a la tierra y hará todas las cosas nuevas.

1. Al leer los profetas menores, ¿qué temas salían a la luz continuamente? ¿Qué aprendió sobre el carácter de Dios y la desobediencia y futura esperanza de Israel?

2. ¿De qué manera(s) se ha beneficiado usted de la lectura del Antiguo Testamento?

3. ¿De qué manera(s) la lectura del Antiguo Testamento lo ayudó a entender porqué Mateo empieza su libro con la genealogía de Jesús? ¿Por qué es importante que Mateo hiciera énfasis en la identidad de Jesús como el Mesías y el Rey de los Judíos?

4. Cuando le enseñaba a sus discípulos, Jesús repetidamente se refería o citaba pasajes del Antiguo Testamento. ¿Por qué cree usted que él hacía esto?

5. Cuando Jesús enseñaba, con frecuencia enfatizaba la importancia de un compromiso de corazón más que una simple obediencia a reglas y tradiciones de hombres. ¿Por qué el pueblo judío debía entender esta verdad tan importante?

¿Sabía usted?

- El templo de Herodes, donde adoraban los judíos del tiempo de Jesús, se levantaba por encima del campo que lo rodeaba y fue construido en el mismo sitio de los templos construidos por Salomón y Zorobabel. El Lugar Santo y el Lugar Santísimo tenían las mismas dimensiones del piso del templo que Salomón construyó. La construcción del templo de quince pisos empezó en el año 20 A.C., y los romanos lo destruyeron en el año 70 D.C. (NIV Study Bible, 1473) después de que la gran revuelta judía estallara en el año 66 D.C. (Handbook, 535).

- La estrella de Belén que señaló la ubicación de Jesús había aparecido recientemente, viajó despacio y <<se posó>> sobre Belén. De acuerdo con algunos eruditos, sólo un cometa con una cola larga podría satisfacer tales criterios. Los chinos, que miraban de cerca las estrellas y los cometas, observaron un cometa espectacular que apareció en el año 5 A.C. y permaneció visible por más de setenta días. La información de los registros chinos indica que los magos habrían visto este cometa por primera vez en el oriente, tal y como lo describe Mateo (Handbook, 553).

- Mateo incluye nueve textos de prueba que se presentan sólo en su Evangelio y que muestran que Jesucristo cumplió las Escrituras del Antiguo Testamento: ver los versículos 1:22-23, 2:15, 2:17-18, 2:23, 4:14-16, 8:17, 12:17-21, 13:35, 27:9-10 (NIV Study Bible, 1463). Mateo también se enfocó en el papel de Jesús como el "Hijo de David" en versículos como 1:1, 9:27, 12:23, 15:22, y 20:30-31. Estos versículos ayudan a mostrar que Jesús cumplió el pacto que Dios hizo con Abraham (Gn 12:2-3, 15:9-21) (NIV Study Bible, nota para Mt 1:1).

NOTAS DEL VIDEO

1. A medida que miraba el video, ¿qué puntos en particular le llamaron la atención? ¿Por qué?

2. ¿Qué aspecto del video mejoró especialmente su comprensión de lo que leyó la semana pasada?

3. ¿Cuáles identificaría usted como los temas clave de esta porción de la Escritura?

4. ¿Qué impacto puede tener en su vida hoy lo que acaba de ver?

ACTIVIDADES INDIVIDUALES ENTRE SESIONES

Consejo de lectura para esta semana

Esta semana habrá algunas repeticiones en la lectura. Preste atención a las similitudes y diferencias de las versiones de los diversos autores.

Perspectiva general de los Evangelios

Mateo, el cobrador de impuestos llamado a ser discípulo, era un judío que escribió su Evangelio a otros judíos alrededor del año 60 D.C. para proclamar a Jesús como el Mesías prometido, el Rey de los judíos. Él muestra cómo Jesús vino a cumplir el Antiguo Testamento, pero también a juzgar a los judíos por su infidelidad (es el Evangelio que condena más fuertemente a los fariseos hipócritas). Aunque muchas historias y eventos que se registran en Mateo sólo se encuentran en este Evangelio, el pasaje más notable es el Sermón del Monte de Jesús (cáp. 5-7).

Marcos, el mismo Juan Marcos de Hechos y de las epístolas del Nuevo Testamento, que acompañó al apóstol Pablo en sus viajes misioneros, era un romano que escribió su Evangelio a otros romanos aproximadamente en el año 55 D.C. para proclamar a Jesús como un hombre de acción. Su versión pasa rápidamente de un episodio de la vida y ministerio de Jesús a otro, y hace énfasis más en lo que Él hizo que en lo que dijo. Hace énfasis en la forma como Jesús le enseñó a los discípulos que el «hijo del hombre» debía sufrir y ser rechazado, y que ellos debían estar preparados para recorrer el mismo camino.

Lucas, el médico que también escribió el libro de Hechos, era un griego que escribió su Evangelio a otros griegos aproximadamente en el año 58 D.C. para proclamar a Jesús como el hombre perfecto. Lucas presenta las obras y enseñanzas de Jesús más esenciales para entender el camino de la salvación y hace énfasis en la gracia de Dios revelada en Jesús y dada a aquellos que parecen ser los menos dignos de recibirla, como las prostitutas y los cobradores de impuestos.

Juan, llamado «el discípulo a quien Jesús amó» (ver Juan 13:23 y otros versículos), escribió su Evangelio para todas las personas, aproximadamente en el año 85 D.C. para proclamar a Jesús como el Hijo de Dios, que obraba con toda la autoridad del Padre. El Evangelio de Juan es una versión distinta de los demás Evangelios, y profundiza teológicamente al hablar de asuntos como la encarnación (cáp. 1) y el ministerio del Espíritu Santo (cáp. 14-16). Igualmente, en estos capítulos aparecen las siete declaraciones de Jesús como el «Yo soy»: el pan de vida, la luz del mundo, la puerta de las ovejas, el buen pastor, la resurrección y la vida, el camino, la verdad y la vida, y la vid verdadera.

Perspectiva general de Hechos

Escrito por Lucas, el libro de Hechos empieza con la aparición de Jesús a sus discípulos después de la resurrección, luego avanza a su increíble ascensión al cielo y al día de Pentecostés. Desde ese punto, la nueva iglesia se apropia de su llamado para ser «testigo de Jesús en Jerusalén y en todo Judea, Samaria y hasta los confines de la tierra» (Hechos 1:8).

Lea esta semana

Páginas 840-924 de *La Biblia en 90 Días NVI* (Mt 26:57-Hechos 6:7).

Progreso personal

Si le resulta útil hacerlo, utilice el siguiente cuadro para registrar el progreso de la lectura esta semana. Establezca un horario de lectura que le quede bien y luego sígalo juiciosamente.

✓	Día	Páginas de La Biblia en 90 Días NVI	El pasaje empieza en:
	1 (hoy)	840-852	Mateo 26:57
	2	852-864	Marcos 9:14
	3	864-876	Lucas 2:1
	4	876-888	Lucas 10:1
	5	888-900	Lucas 20:20
	6	900-912	Juan 6:1
	7	912-924	Juan 15:18

Si se atrasa en la lectura, aparte un tiempo adicional esta semana para ponerse al día.

Notas personales sobre la lectura

Tómese un momento para registrar lo más importante que experimente durante su lectura esta semana (conocimiento adquirido, preguntas desconcertantes, momentos impactantes).

¡Inténtelo!

Memorice los nombres de los siguientes seis libros del Nuevo Testamento:

R_____ 1 C_____

2 C_____ G_____

E_____ F_____

Después de que haya aprendido los nombres anteriores, intente recordar todos los libros del Nuevo Testamento que ha memorizado hasta ahora.

RESUMEN DE LA LECTURA

Discusión de hoy: Páginas 840-924 de *La Biblia en 90 días NVI* (Mt 26:57-Hech 6:7)

Lectura para la próxima semana: Páginas 924-1008 de *La Biblia En 90 Días NVI* (Hech 6:8-Fil 25)

DISCUSIÓN PARA EL GRUPO PEQUEÑO

Seguimiento de la lectura

1. ¿Cómo estuvo su lectura esta semana? ¿Qué desafíos enfrentó para completar su lectura? ¿Qué fue lo más efectivo que hizo para poder superar esos desafíos?

2. A medida que leía la Biblia esta semana, ¿qué pensamientos o eventos específicos le llamaron la atención o lo sorprendieron? ¿Por qué?

3. ¿De qué forma su lectura del Antiguo Testamento mejoró su comprensión de los eventos y la gente sobre los cuales está leyendo en el Nuevo Testamento?

4. ¿De qué manera la lectura está afectando su perspectiva de Dios, su Palabra y su relación con él?

Revelación de la lectura

Nota: El propósito de las siguientes preguntas es estimular la discusión. No hay necesidad de responderlas antes de la clase o de la reunión del grupo pequeño.

1. ¿Por qué es tan importante la muerte y resurrección de Jesús? ¿Qué lograron estos eventos para los judíos de los tiempos de Jesús y para usted?

2. ¿Qué revelan los Evangelios sobre la humanidad y deidad de Jesús?

3. ¿Cuáles son algunas de las cosas que Jesús dijo sobre sí mismo? ¿Por qué son significativas esas afirmaciones?

4. Identifique varias verdades que Jesús intentó enseñar repetidamente a sus discípulos pero que ellos parecían no «captar». Por el contrario, ¿de qué maneras demostraron los discípulos de Jesús un crecimiento espiritual entre más conocían a Jesús?

5. ¿Qué revelan los Evangelios sobre el sufrimiento de Jesús y sus discípulos y sobre el costo del discipulado?

6. Ahora que ha leído los cuatro Evangelios, hable sobre las siguientes representaciones de Jesús:

• Mateo: Jesús como el Rey de los judíos

• Marcos: Jesús como el siervo

• Lucas: Jesús como el hombre perfecto

• Juan: Jesús como el Hijo de Dios

¿Sabía usted?

- La frase <<el Cordero de Dios>>, con la que Juan el Bautista se refirió a Jesús, se relacionaba con los sacrificios del Antiguo Testamento. (Ver Lv 4:32-35; Is 53:4-12). Mientras que en los tiempos del Antiguo Testamento un animal podía ser sacrificado como expiación por el pecado que separaba a una persona del Dios santo, Jesús vino al mundo como el "Cordero" de Dios y derramó su sangre para quitar los pecados del mundo entero. (Ver Lv 17:11; Handbook, 623).

- Cuando Jesús caminó por las calles de Jerusalén, esta era mucho más grande que en los días del rey David. Las personas más ricas vivían en una sección nueva en la parte de arriba de la ciudad, al occidente de la antigua Ciudad de David. El templo estaba justo en la frontera norte de la antigua ciudad de David y daba hacia el Monte de los Olivos y el Jardín de Getsemaní al oriente. Representaba aproximadamente un quinto de la ciudad. El palacio de Herodes estaba en la esquina superior occidental de la parte de arriba de la ciudad. El Gólgota, el sitio tradicional de la crucifixión de Jesús, estaba justo al norte del palacio de Herodes, por fuera de las murallas de la ciudad (Handbook, 630).

- Cuando Jesús enseñaba, frecuentemente utilizaba imágenes con las que su público estuviera familiarizado. Por ejemplo, cuando estaba en Jerusalén, durante la Fiesta de la Recolección, se identificó como <<la luz del mundo>>. Esto era significativo porque al atardecer los participantes hacían una ceremonia en la que se encendían cuatro candelabros de oro. Esto simbolizaba la columna de fuego que Dios utilizó para guiar a su pueblo por medio del desierto en la noche.

- Una forma de visualizar toda la Escritura es pensar en ella de esta forma: el Antiguo Testamento es un registro de Dios Padre; los Evangelios son un registro de Dios Hijo; y desde Hechos hasta Apocalipsis es un registro de Dios Espíritu Santo.

DISCUSIÓN DEL VIDEO (OPCIONAL)

1. A medida que miraba el video, ¿qué puntos en particular le llamaron la atención? ¿Por qué?

2. ¿Qué aspecto del video mejoró especialmente su comprensión de lo que leyó la semana pasada?

3. ¿Cuáles identificaría usted como los temas clave de esta porción de la Escritura?

4. ¿Qué impacto puede tener en su vida hoy lo que acaba de ver?

ACTIVIDADES INDIVIDUALES ENTRE SESIONES

Consejo de lectura para esta semana

Esta semana va a leer todas las cartas de Pablo a varias iglesias y discípulos, que son uno de los escritos más personales y distintivos de toda la Escritura. ¡Disfrútelas!

Perspectiva general de Hechos

¡En esta segunda parte del evangelio de Lucas, note la poderosa obra del Espíritu Santo en las vidas de los seguidores de Cristo al cumplir el mandamiento de Cristo de ir y ser sus testigos hasta los confines de la tierra!

Perspectiva general de Romanos hasta Filemón

Observe los temas predominantes en cada una de las cartas de Pablo. Preste atención a todas las veces que enfatizó las bases de la fe cristiana, especialmente que la fe en la muerte y resurrección de Cristo es el único fundamento de la salvación de Dios. Igualmente, note su estilo personal y único de escribir y la orientación práctica así como los consejos que ofrece a sus lectores, inclusive a nosotros hoy.

Lea esta semana

Páginas 924-1008 de *La Biblia en 90 Días NVI* (Hechos 6:8-Fil 25).

Progreso personal

Si le resulta útil hacerlo, utilice el siguiente cuadro para registrar el progreso de la lectura esta semana. Establezca un horario de lectura que le quede bien y luego sígalo juiciosamente.

✓	Día	Páginas de La Biblia en 90 Días NVI	El pasaje empieza en:
	1 (hoy)	924-936	Hechos 6:8
	2	936-948	Hechos 16:38
	3	948-960	Hechos 28:17
	4	960-972	Romanos 15:1
	5	972-984	1 Corintios 15:1
	6	984-996	Gálatas 3:26
	7	997-1008	1 Tesalonicenses 1:1

Si se atrasa en la lectura, aparte un tiempo adicional esta semana para ponerse al día.

Notas personales sobre la lectura

Tómese un momento para registrar lo más importante que experimente durante su lectura esta semana (conocimiento adquirido, preguntas desconcertantes, momentos impactantes).

¡Inténtelo!

Memorice los nombres de los siguientes siete libros del Nuevo Testamento:

C_____ 1 T_____

2 T_____ 1 T_____

2 T_____ F_____

Después de que haya aprendido los nombres anteriores, intente recordar todos los libros del Nuevo Testamento que ha memorizado hasta ahora.

RESUMEN DE LA LECTURA

Discusión de hoy: Páginas 924-1008 de *La Biblia en 90 días NVI*
(Hech 6:8-Fil 25)

Lectura para la próxima semana: Páginas 1009-1048 de *La Biblia*
En 90 días NVI (Heb 1:1-Ap 22:21)

DISCUSIÓN PARA EL GRUPO PEQUEÑO

Seguimiento de la lectura

1. ¿Cómo estuvo su lectura esta semana? ¿Qué desafíos enfrentó para completar su lectura? ¿Qué fue lo más efectivo que hizo para poder superar esos desafíos?

2. A medida que leía la Biblia esta semana, ¿qué pensamientos o eventos específicos le llamaron la atención o lo sorprendieron? ¿Por qué?

3. ¿De qué forma su lectura del Antiguo Testamento mejoró su comprensión de los eventos y la gente sobre los cuales está leyendo en el Nuevo Testamento?

4. ¿De qué manera la lectura está afectando su perspectiva de Dios, su Palabra y su relación con él?

Revelación de la lectura

Nota: El propósito de las siguientes preguntas es estimular la discusión. No hay necesidad de responderlas antes de la clase o de la reunión del grupo pequeño.

1. ¿Qué historias de las experiencias de los primeros cristianos y qué cristianos en particular le parecen más notables? ¿Por qué?

2. ¿Qué aprendió en las cartas de Pablo sobre las primeras iglesias? ¿Por qué Pablo estaba preocupado por ellas? Al leer las instrucciones de Pablo a esas iglesias, ¿qué aprendió sobre integrar la fe con la vida diaria?

3. La segunda carta a Timoteo, en los versículos 3:16-17, nos revela porqué es importante leer la Biblia. ¿De qué maneras leer la Biblia le ha resultado ser algo útil y lo ha equipado mejor para toda buena obra?

4. ¿Cuáles son algunas maneras por medio de las cuales los apóstoles dieron a conocer a Cristo en diversos caminos de la vida? ¿De qué maneras puede usted aplicar su ejemplo a la vida en su mundo?

5. ¿Por qué cree usted que Pablo resaltó la fe en la muerte y resurrección de Cristo como la única forma como Dios nos acepta? ¿Por qué era importante que los creyentes dejaran de aferrarse a las tradiciones religiosas y dependieran de lo que Jesús logró a través de su muerte y resurrección?

6. ¿De qué manera las lecturas de esta semana influenciaron su opinión sobre un evento actual o una experiencia personal? ¿Cuál de las instrucciones de Pablo se aplica específicamente al evento o experiencia anterior?

¿Sabía usted?

- Los primeros cristianos creían que la tan esperada venida de Jesús cumplía las antiguas profecías del Antiguo Testamento sobre el Mesías y se veían a sí mismos como participantes en la continua historia de la relación de Dios con la humanidad. Jesús Dios en forma humana había venido a la tierra personalmente a rescatar a toda la humanidad de la rebelión del pecado. ¡No es de extrañarse que estos cristianos estudiaran el Antiguo Testamento de manera tan diligente! Tampoco es de extrañarse que proclamaran alegremente a Jesús y su mensaje a todas las personas para que la noticia se difundiera por todo el mundo. Por último, no es de extrañarse que se regocijaran en la vida eterna que un día recibirían.

- En Hechos 17:5-8, se dice que los judíos enojados de la antigua Tesalónica llevaron a algunos cristianos a rastras ante los funcionarios de la ciudad. Es interesante observar que en este pasaje la palabra griega traducida como <<autoridades de la ciudad>>, politarch, no ha sido encontrada en ningún otro lugar en la literatura griega. Pero en 1835, esta palabra fue descubierta en un antiguo arco que se extendía por la Vía Egnacia, al occidente de Tesalónica. En 1867, el arco fue destruido, pero el bloque que tenía la inscripción se encuentra en el Museo Británico en Londres (NIV Study Bible, nota para Hechos 17:6).

- Los nuevos cristianos de la ciudad griega de Corinto enfrentaron grandes tentaciones y desafíos a medida que aprendían a seguir a Cristo. Había allí por lo menos doce templos paganos, incluyendo uno dedicado a Afrodita, la diosa del amor y el sexo. Los seguidores de Afrodita la adoraban con la prostitución religiosa hasta con mil sacerdotisas sagradas. La inmoralidad en Corinto se volvió tan rampante que el verbo griego traducido como <<corintizar>> llegó a significar <<practicar la inmoralidad sexual>> (NIV Study Bible, 1774, y notas para 1Co 6:18, 7:2).

DISCUSIÓN DEL GRUPO GRANDE: TERMINEMOS BIEN

ACTIVIDADES INDIVIDUALES ENTRE SESIONES

Consejo de lectura para esta semana

Buenas noticias: ¡Esta semana sólo debe leer cuarenta páginas! Así que si está atrasado en unas cuantas páginas, tiene la oportunidad de ponerse al día y terminar su compromiso de leer toda la Biblia.

Perspectiva general de Hebreos

A medida que lea Hebreos, que algunos ven como la condensación de toda la Biblia, preste mucha atención a los temas que se relacionan con la identidad y los logros de Jesús. Observe su posición como nuestro «gran sumo sacerdote», el nuevo pacto que estableció y el llamado a seguirlo fielmente. Observe con cuidado todas las referencias al Antiguo Testamento que utiliza el escritor.

Perspectiva general de Santiago

Santiago es uno de los primeros libros del Nuevo Testamento e incluye enseñanzas prácticas sobre cómo poner la fe en acción. Incluye instrucciones sobre las tentaciones, la fe, el mundo, la opresión y sobre cómo domar la lengua.

Perspectiva general de 1-2 de Pedro

A medida que lea, busque lo que Dios quiera revelarle sobre cómo vivir incondicionalmente para él, en especial en las áreas de la santidad personal, la sumisión a la autoridad y la humildad. Preste atención también a las advertencias de Pedro sobre los falsos maestros y sobre cómo estar preparado para la segunda venida de Cristo.

Perspectiva general de 1, 2 y de Juan

Tenga presente que Juan, un apóstol del círculo interno de Jesús, le escribía a los creyentes que estaban confrontando la enseñanza herética gnóstica. Observe los poderosos temas del amor de Dios y la fe que lleva a la obediencia.

Perspectiva general de Judas

En este pequeño libro que busca dar ánimo para perseverar en la fe, hay muchas advertencias contra los falsos maestros.

Perspectiva general de Apocalipsis

Escrito para animar al pueblo fiel de Dios durante un tiempo de gran persecución, este libro da un vistazo al triunfo que está por venir. Es importante observar que en medio de los temas del fin de los tiempos, como el regreso de Cristo y la condenación de Satanás, está la creciente urgencia del llamado de Dios al arrepentimiento.

Lea esta semana

Páginas 1009-1048 de *La Biblia en 90 Días NVI* (Heb 1:1-Ap 22: 21).

Progreso personal

Si le resulta útil hacerlo, utilice el siguiente cuadro para registrar el progreso de la lectura esta semana.

✓	Día	Páginas de La Biblia en 90 Días NVI	El pasaje empieza en:
	1 (hoy)	1009-1020	Hebreos 1:1
	2	1020-1032	Santiago 3:13
	3	1032-1044	Judas 1
	4	1044-1048	Apocalipsis 18:1

Si se atrasa en la lectura, aparte un tiempo adicional esta semana para ponerse al día.

Notas personales sobre la lectura

Tómese un momento para registrar lo más importante que experimente durante su lectura esta semana (conocimiento adquirido, preguntas desconcertantes, momentos impactantes).

¡Inténtelo!

Memorice los nombres de los siguientes nueve libros del Nuevo Testamento:

H_____   S_____

1 P_____   2 P_____

1 J_____   2 J_____

3 J_____   J_____

A_____

Después de que haya aprendido los nombres anteriores, intente recordar todos los libros del Nuevo Testamento que ha memorizado hasta ahora.

SESIÓN
14

NOTAS DEL VIDEO

¿Sabía usted?

- Durante la época del Nuevo Testamento, es muy probable que más judíos vivieran en otros países que en su tierra natal. (Un estimado de un millón vivía en Egipto, por ejemplo). Las tensiones políticas entre los romanos y los judíos continuaron y se intensificaron después de la muerte y la resurrección de Jesús. Los judíos opusieron por última vez resistencia contra los romanos durante la guerra de los judíos, en los años 66-73 D.C., tiempo durante el cual los romanos destruyeron el templo. Los judíos que quedaron se dispersaron a otros países en donde, en colonias en diversas ciudades, mantuvieron su cultura y estilo de vida únicos. En sus viajes, el apóstol Pablo hizo un esfuerzo por visitar a estas comunidades de judíos expatriados para compartir el mensaje transformador de Jesús (Handbook, 753).

- Las siete iglesias que se mencionan en Apocalipsis 2 y 3 estaban ubicadas en lugares que podemos identificar:

1. Éfeso, una antigua ciudad en la provincia romana de Asia, fue el hogar de Pablo durante dos años durante su tercer viaje misionero. A esta iglesia le faltaba amor.

2. Esmirna, una pequeña iglesia que quedaba en lo que es hoy Izmir en Turquía occidental, carecía de dinero pero era espiritualmente rica.

3. Pérgamo, cerca de la actual ciudad de Bergama en Turquía occidental, era un centro de alabanza al emperador y tenía un gran altar dedicado a Zeus. A medida que las falsas enseñanzas avanzaban lentamente en esta iglesia, también lo hacían las prácticas paganas.

4. Tiatira, actualmente la pequeña ciudad de Akhisar en Turquía occidental, tenía muchos trabajadores hábiles y era conocida por el teñido de púrpura. Mucha gente dentro de la iglesia cayó en la inmoralidad por medio de la influencia de una mujer de la comunidad.

5. Sardis, la capital de la antigua Lidia, queda a aproximadamente ochenta kilómetros al oriente de Esmirna. Esta ciudad, que alguna vez fue el hogar del rico rey Croesus, tenía una sinagoga judía y un gran templo griego. La iglesia de aquí sufría de autosatisfacción y apatía.

6. Filadelfia, a aproximadamente 45 kilómetros al sureste de Sardis en la Turquía actual, estaba ubicada cerca de un valle amplio y fértil. La iglesia de esta ciudad era fiel.

7. Laodicea, que actualmente se llama Latakia en Siria, era un próspero centro bancario conocido por su colirio para los ojos y su fina madera. La ciudad, que no tenía su propio suministro de agua, utilizaba agua tibia que se canalizaba desde los calientes manantiales de Hierápolis, que quedaba cerca. La iglesia aquí era tibia, ciega a su verdadera condición espiritual (Handbook, 767-769).

LECTURA RESPONSORIAL DE APOCALIPSIS 21-22

Después vi un cielo nuevo y una tierra nueva, porque el primer cielo y la primera tierra habían dejado de existir, lo mismo que el mar. Vi además la ciudad santa, la nueva Jerusalén, que bajaba del cielo, procedente de Dios, preparada como una novia hermosamente vestida para su prometido. Oí una potente voz que provenía del trono y decía: «¡Aquí, entre los seres humanos, está la morada de Dios! Él acampará en medio de ellos, y ellos serán su pueblo; Dios mismo estará con ellos y será su Dios. Él les enjugará toda lágrima de los ojos. Ya no habrá muerte, ni llanto, ni lamento ni dolor, porque las primeras cosas han dejado de existir» (21:1-4).

Gracias, Señor, por tu deseo de vivir con nosotros. Gracias por tu fidelidad para nosotros a pesar de nuestra infidelidad. Gracias por todo lo que has hecho por miles de años para hacer posible que viviéramos contigo.

El que estaba sentado en el trono dijo: «¡Yo hago nuevas todas las cosas!» Y añadió: «Escribe, porque estas palabras son verdaderas y dignas de confianza».

También me dijo: «Ya todo está hecho. Yo soy el Alfa y la Omega, el Principio y el Fin. Al que tenga sed le daré a beber gratuitamente de la fuente del agua de la vida. El que salga vencedor heredará todo esto, y yo seré su Dios y él será mi hijo. Pero los cobardes, los incrédulos, los abominables, los asesinos, los que cometen inmoralidades sexuales, los que practican artes mágicas, los idólatras y todos los mentirosos recibirán como herencia el lago de fuego y azufre. Ésta es la segunda muerte» (21:5-8).

Te alabo, Señor, por tu presencia eterna. Te alabo por hacer nuevas todas las cosas. Gracias por compartir con nosotros la fuente de la vida eterna.

Yo, Juan, soy el que vio y oyó todas estas cosas. Y cuando lo vi y oí, me postré para adorar al ángel que me había estado mostrando todo esto. Pero él me dijo: «¡No, cuidado! Soy un siervo como tú, como tus hermanos los profetas y como todos los que cumplen las palabras de este libro. ¡Adora sólo a Dios!»

También me dijo: «No guardes en secreto las palabras del mensaje profético de este libro, porque el tiempo de su cumplimiento está cerca» (22:8-10).

Te alabo, Señor, por tus palabras de verdad. Te adoramos.

«¡Miren que vengo pronto! Traigo conmigo mi recompensa, y le pagaré a cada uno según lo que haya hecho. Yo soy el Alfa y la Omega, el Primero y el Último, el Principio y el Fin».

«Dichosos los que lavan sus ropas para tener derecho al árbol de la vida y para poder entrar por las puertas de la ciudad. Pero afuera se quedarán los perros, los que practican las artes mágicas, los que cometen inmoralidades sexuales, los asesinos, los idólatras y todos los que aman y practican la mentira».

«Yo, Jesús, he enviado a mi ángel para darles a ustedes testimonio de estas cosas que conciernen a las iglesias. Yo soy la raíz y la descendencia de David, la brillante estrella de la mañana».

El Espíritu y la novia dicen: «¡Ven!»; y el que escuche diga: «¡Ven!» El que tenga sed, venga; y el que quiera, tome gratuitamente del agua de la vida (22:12-17)».

Te alabo, Señor, por enviar a Jesús, el hijo de David, el santo Cordero de Dios, a limpiarme de mi pecado.

A todo el que escuche las palabras del mensaje profético de este libro le advierto esto: Si alguno le añade algo, Dios le añadirá a él las plagas descritas en este libro. Y si alguno quita palabras de este libro de profecía, Dios le quitará su parte del árbol de la vida y de la ciudad santa, descritos en este libro.

El que da testimonio de estas cosas, dice: «Sí, vengo pronto».
Amén. ¡Ven, Señor Jesús!

Que la gracia del Señor Jesús sea con todos. Amén (22:18-21).

¡Bendito sea tu nombre, Señor Jesús! Te esperamos.

PLAN PARA ESCUCHAR LA BIBLIA EN 90 DÍAS™

Si usted prefiere escuchar la Biblia a leerla, también está disponible esa opción con uno de los dos productos de audio:

Con la *Biblia NVI Dramatizada en Audio en 64 CDs*, las personas podrán «leer» toda la Biblia en 88 días con 2 días de «gracia» durante el período.

Día	Versículo inicial	Empieza en	Versículo final	Termina en	Tiempo
1	Gn 1:1	AT-1, pista 1 0:00	Gn 16:16	AT-1, pista 19 2:09 (final)	58:22
2	Gn 17:1	AT-1, pista 20 0:00	Gn 28:19	AT-2, pista 9 2:40	53:33
3	Gn 28:20	AT-2, pista 9 2:49	Gn 40:11	AT-3, pista 6 1:16	50:56
4	Gn 40:12	AT-3, pista 6 1:16	Gn 50:26	AT-3, pista 16 3:50 (final)	49:08
5	Éx 1:1	AT-4, pista 1 0:00	Éx 15:18	AT-4, pista 16 3:11	61:27
6	Éx 15:19	AT-4, pista 16 3:11	Éx 28:43	AT-5, pista 12 5:55 (final)	53:52
7	Éx 29:1	AT-5, pista 13 0:00	Éx 40:38	AT-6, pista 7 3:58 (final)	53:10
8	Lv 1:1	AT-6, pista 8 0:00	Lv 14:32	AT-7, pista 5 4:54	61:45
9	Lv 14:33	AT-7, pista 5 4:54	Lv 26:26	AT-8, pista 3 3:40	57:51
10	Lv 26:27	AT-8, pista 3 3:40	Nm 8:14	AT-8, pista 13 1:39	52:59
11	Nm 8:15	AT-8, pista 13 1:39	Nm 21:7	AT-9, pista 13 1:06	54:39
12	Nm 21:8	AT-9, pista 13 1:06	Nm 32:19	AT-10, pista 8 2:33	49:57
13	Nm 32:20	AT-10, pista 8 2:33	Dt 7:26	AT-11, pista 4 4:50 (final)	59:32
14	Dt 8:1	AT-11, pista 5 0:00	Dt 23:11	AT-12, pista 4 1:30	62:38
15	Dt 23:12	AT-12, pista 4 1:30	Dt 34:12	AT-12, pista 15 1:54 (final)	61:28
16	Jos 1:1	AT-13, pista 1 0:00	Jos 14:15	AT-13, pista 15 2:32 (final)	56:09
17	Jos 15:1	AT-13, pista 16 0:00	Jue 3:27	AT-14, pista 10 3:38	56:26
18	Jue 3:28	AT-14, pista 10 3:38	Jue 15:12	AT-15, pista 6 1:52	51:10
19	Jue 15:13	AT-15, pista 6 1:52	1S 2:29	AT-16, pista 1 4:36	51:49
20	1S 2:30	AT-16, pista 1 4:36	1S 15:35	AT-16, pista 14 5:14 (final)	51:17
21	1S 16:1	AT-16, pista 15 0:00	1S 28:19	AT-17, pista 11 2:53	53:42
22	1S 28:20	AT-17, pista 11 2:53	2S 12:10	AT-18, pista 9 1:43	52:26

Día	Versículo inicial	Empieza en	Versículo final	Termina en	Tiempo
23	2S 12:11	AT-18, pista 9 1:43	2S 22:18	AT-19, pista 3 1:58	53:17
24	2S 22:19	AT-19, pista 3 1:58	1R 7:37	AT-19, pista 13 5:08	52:04
25	1R 7:38	AT-19, pista 13 5:08	1R 16:20	AT-20, pista 9 3:07	51:50
26	1R 16:21	AT-20, pista 9 3:07	2R 4:37	AT-21, pista 7 5:05	53:18
27	2R 4:38	AT-21, pista 7 5:05	2R 15:26	AT-22, pista 3 4:11	53:49
28	2R 15:27	AT-22, pista 3 4:11	2R 25:30	AT-22, pista 13 4:50 (final)	51:29
29	1Cr 1:1	AT-23, pista 1 0:00	1Cr 9:44	AT-23, pista 10 6:05 (final)	52:06
30	1Cr 10:1	AT-23, pista 11 0:00	1Cr 23:32	AT-24, pista 9 4:28 (final)	52:21
31	1Cr 24:1	AT-24, pista 10 0:00	2Cr 7:10	AT-25, pista 4 1:47	52:40
32	2Cr 7:11	AT-25, pista 4 1:47	2Cr 23:15	AT-26, pista 1 2:54	53:32
33	2Cr 23:16	AT-26, pista 1 2:54	2Cr 35:15	AT-26, pista 13 2:49	54:27
34	2Cr 35:16	AT-26, pista 13 2:49	Esd 10:44	AT-27, pista 8 6:18 (final)	48:34
35	Neh 1:1	AT-27, pista 9 0:00	Neh 13:14	AT-28, pista 4 2:27	60:04
36	Neh 13:15	AT-28, pista 4 2:27	Job 7:21	AT-28, pista 23 2:24 (final)	52:32
37	Job 8:1	AT-28, pista 24 0:00	Job 24:25	AT-29, pista 16 3:01 (final)	41:49
38	Job 25:1	AT-29, pista 17 0:00	Job 41:34	AT-30, pista 4 2:57 (final)	42:55
39	Job 42:1	AT-30, pista 5 0:00	Sal 24:10	AT-30, pista 30 1:08 (final)	39:37
40	Sal 25:1	AT-30, pista 31 0:00	Sal 45:14	AT-31, pista 10 2:07	41:20
41	Sal 45:15	AT-31, pista 10 2:07	Sal 69:21	AT-31, pista 34 2:36	42:11
42	Sal 69:22	AT-31, pista 34 2:36	Sal 89:13	AT-32, pista 16 1:35	45:20
43	Sal 89:14	AT-32, pista 16 1:35	Sal 108:13	AT-33, pista 2 1:18 (final)	43:31
44	Sal 109:1	AT-33, pista 3 0:00	Sal 134:3	AT-33, pista 28 0:18 (final)	41:00
45	Sal 135:1	AT-33, pista 29 0:00	Pr 6:35	AT-34, pista 7 3:17 (final)	41:00
46	Pr 7:1	AT-34, pista 8 0:00	Pr 20:21	AT-34, pista 21 2:07	39:00
47	Pr 20:22	AT-34, pista 21 2:07	Ec 2:26	AT-35, pista 9 3:50 (final)	42:11
48	Ec 3:1	AT-35, pista 10 0:00	Cnt 8:14	AT-35, pista 28 2:01 (final)	41:07
49	Is 1:1	AT-35, pista 29 0:00	Is 13:22	AT-36, pista 12 3:10 (final)	43:59
50	Is 14:1	AT-36, pista 13 0:00	Is 28:29	AT-37, pista 3 5:16 (final)	44:40
51	Is 29:1	AT-37, pista 4 0:00	Is 41:18	AT-37, pista 16 3:06	45:33
52	Is 41:19	AT-37, pista 16 3:06	Is 52:12	AT-38, pista 8 2:17	45:33
53	Is 52:13	AT-38, pista 8 2:17	Is 66:18	AT-38, pista 22 3:55	44:07
54	Is 66:19	AT-38, pista 22 3:55	Jer 10:13	AT-39, pista 11 1:55	46:56
55	Jer 10:14	AT-39, pista 11 1:55	Jer 23:8	AT-40, pista 6 1:30	45:51
56	Jer 23:9	AT-40, pista 6 1:30	Jer 33:22	AT-40, pista 16 3:42	49:48
57	Jer 33:23	AT-40, pista 16 3:42	Jer 47:7	AT-41, pista 14 1:08 (final)	46:32
58	Jer 48:1	AT-41, pista 15 0:00	Lm 1:22	AT-42, pista 4 4:59 (final)	40:50

Día	Versículo inicial	Empieza en	Versículo final	Termina en	Tiempo
59	Lm 2:1	AT-42, pista 5 0:00	Ez 12:20	AT-43, pista 1 3:23	61:52
60	Ez 12:21	AT-43, pista 1 3:23	Ez 23:39	AT-43, pista 12 6:19	60:28
61	Ez 23:40	AT-43, pista 12 6:19	Ez 35:15	AT-44, pista 11 2:41 (final)	56:38
62	Ez 36:1	AT-44, pista 12 0:00	Ez 47:12	AT-45, pista 8 2:01	59:17
63	Ez 47:13	AT-45, pista 8 2:01	Dn 8:27	AT-46, pista 3 4:19 (final)	48:57
64	Dn 9:1	AT-46, pista 4 0:00	Os 13:6	AT-46, pista 21 0:55	45:21
65	Os 13:7	AT-46, pista 21 0:55	Am 9:10	AT-47, pista 11 2:11	40:20
66	Am 9:11	AT-47, pista 11 2:11	Nah 3:19	AT-47, pista 30 3:10 (final)	44:32
67	Hab 1:1	AT-48, pista 1 0:00	Zac 10:12	AT-48, pista 22 2:08 (final)	51:25
68	Zac 11:1	AT-48, pista 23 0:00	Mt 4:25	NT-1, pista 6 3:33 (final)	38:12
69	Mt 5:1	NT-1, pista 7 0:00	Mt 15:39	NT-2, pista 1 2:26 (final)	59:28
70	Mt 16:1	NT-2, pista 2 0:00	Mt 26:56	NT-2, pista 12 7:42	59:07
71	Mt 26:57	NT-2, pista 12 7:42	Mr 9:13	NT-3, pista 11 1:42	57:19
72	Mr 9:14	NT-3, pista 11 1:42	Lc 1:80	NT-4, pista 5 9:31 (final)	57:10
73	Lc 2:1	NT-4, pista 6 0:00	Lc 9:62	NT-5, pista 2 8:50 (final)	57:12
74	Lc 10:1	NT-5, pista 3 0:00	Lc 20:19	NT-6, pista 2 2:33	59:43
75	Lc 20:20	NT-6, pista 2 2:33	Jn 5:47	NT-6, pista 12 5:49 (final)	57:40
76	Jn 6:1	NT-6, pista 13 0:00	Jn 15:17	NT-7, pista 9 2:27	56:46
77	Jn 15:18	NT-7, pista 9 2:27	Hch 6:7	NT-8, pista 8 1:02	50:54
78	Hch 6:8	NT-8, pista 8 1:02	Hch 16:37	NT-9, pista 1 5:01	50:42
79	Hch 16:38	NT-9, pista 1 5:01	Hch 28:16	NT-9, pista 13 2:07	55:07
80	Hch 28:17	NT-9, pista 13 2:07	Ro 14:23	NT-10, pista 13 3:27 (final)	59:54
81	Ro 15:1	NT-10, pista 14 0:00	1Co 14:40	NT-11, pista 10 5:19 (final)	59:01
82	1Co 15:1	NT-11, pista 11 0:00	Gá 3:25	NT-12, pista 8 3:49	61:13
83	Gá 3:26	NT-12, pista 8 3:49	Col 4:18	NT-13, pista 7 2:25 (final)	61:31
84	1Ti 1:1	NT-13, pista 8 0:00	Flm 25	NT-14, pista 8 3:01 (final)	61:57
85	Heb 1:1	NT-14, pista 9 0:00	Stg 3:12	NT-15, pista 2 1:46	56:36
86	Stg 3:13	NT-15, pista 2 1:46	3Jn 14	NT-15, pista 24 2:06 (final)	59:25
87	Jud 1	NT-15, pista 25 0:00	Ap 17:18	NT-16, pista 17 3:35 (final)	62:03
88	Ap 18:1	NT-16, pista 18 0:00	Ap 22:21	NT-16, pista 22 4:02 (final)	20:13
89					
90					

Con la *Biblia NVI Dramatizada en Audio en 6 Cds de MP3*, las personas podrán «leer» toda la Biblia en 88 días con 2 días de «gracia» durante el período.

Día	Versículo inicial	Empieza en	Versículo final	Termina en	Tiempo
1	Gn 1:1	Disco 1, pista 1 0:00	Gn 16:16	Disco 1, pista 19 2:09 (final)	58:22
2	Gn 17:1	Disco 1, pista 20 0:00	Gn 28:19	Disco 1, pista 31 2:49	53:33
3	Gn 28:20	Disco 1, pista 31 2:49	Gn 40:11	Disco 1, pista 43 1:16	50:56
4	Gn 40:12	Disco 1, pista 43 1:16	Gn 50:26	Disco 1, pista 53 3:50 (final)	49:08
5	Éx 1:1	Disco 1, pista 54 0:00	Éx 15:18	Disco 1, pista 69 3:11	61:27
6	Éx 15:19	Disco 1, pista 69 3:11	Éx 28:43	Disco 1, pista 82 5:55 (final)	53:52
7	Éx 29:1	Disco 1, pista 83 0:00	Éx 40:38	Disco 1, pista 94 3:58	53:10
8	Lv 1:1	Disco 1, pista 95 0:00	Lv 14:32	Disco 1, pista 109 4:54	61:45
9	Lv 14:33	Disco 1, pista 109 4:54	Lv 26:26	Disco 1, pista 121 3:40	57:51
10	Lv 26:27	Disco 1, pista 121 3:40	Nm 8:14	Disco 1, pista 131 1:39	52:59
11	Nm 8:15	Disco 1, pista 131 1:39	Nm 21:7	Disco 1, pista 144 1:06	54:39
12	Nm 21:8	Disco 1, pista 144 1:06	Nm 32:19	Disco 1, pista 155 2:33	49:57
13	Nm 32:20	Disco 1, pista 155 2:33	Dt 7:26	Disco 1, pista 167 4:50 (final)	59:32
14	Dt 8:1	Disco 1, pista 168 0:00	Dt 23:11	Disco 1, pista 183 1:30	62:38
15	Dt 23:12	Disco 1, pista 183 1:30	Dt 34:12	Disco 1, pista 194 1:54 (final)	61:28
16	Jos 1:1	Disco 2, pista 1 0:00	Jos 14:15	Disco 2, pista 15 2:32 (final)	56:09
17	Jos 15:1	Disco 2, pista 16 0:00	Jue 3:27	Disco 2, pista 29 3:38	56:26
18	Jue 3:28	Disco 2, pista 29 3:38	Jue 15:12	Disco 2, pista 41 1:52	51:10
19	Jue 15:13	Disco 2, pista 41 1:52	1S 2:29	Disco 2, pista 55 4:36	51:49
20	1S 2:30	Disco 2, pista 55 4:36	1S 15:35	Disco 2, pista 68 5:14 (final)	51:17
21	1S 16:1	Disco 2, pista 69 0:00	1S 28:19	Disco 2, pista 81 2:53	53:42
22	1S 28:20	Disco 2, pista 81 2:53	2S 12:10	Disco 2, pista 97 1:43	52:26
23	2S 12:11	Disco 2, pista 97 1:43	2S 22:18	Disco 2, pista 107 1:58	53:17
24	2S 22:19	Disco 2, pista 107 1:58	1R 7:37	Disco 2, pista 117 5:08	52:04
25	1R 7:38	Disco 2, pista 117 5:08	1R 16:20	Disco 2, pista 126 3:07	51:50
26	1R 16:21	Disco 2, pista 126 3:07	2R 4:37	Disco 2, pista 137 5:05	53:18
27	2R 4:38	Disco 2, pista 137 5:05	2R 15:26	Disco 2, pista 148 4:11	53:49
28	2R 15:27	Disco 2, pista 148 4:11	2R 25:30	Disco 2, pista 158 4:50 (final)	51:29
29	1Cr 1:1	Disco 2, pista 159 0:00	1Cr 9:44	Disco 2, pista 168 6:05 (final)	52:06
30	1Cr 10:1	Disco 2, pista 169 0:00	1Cr 23:32	Disco 2, pista 182 4:28 (final)	52:21
31	1Cr 24:1	Disco 2, pista 183 0:00	2Cr 7:10	Disco 2, pista 196 1:47	52:40
32	2Cr 7:11	Disco 2, pista 196 1:47	2Cr 23:15	Disco 2, pista 212 2:54	53:32

Día	Versículo inicial	Empieza en	Versículo final	Termina en	Tiempo
33	2Cr 23:16	Disco 2, pista 212 2:54	2Cr 35:15	Disco 2, pista 224 2:49	54:27
34	2Cr 35:16	Disco 2, pista 224 2:49	Esd 10:44	Disco 3, pista 11 6:18 (final)	48:34
35	Neh 1:1	Disco 3, pista 12 0:00	Neh 13:14	Disco 3, pista 25 2:27	60:04
36	Neh 13:15	Disco 3, pista 25 2:27	Job 7:21	Disco 3, pista 44 2:24 (final)	52:32
37	Job 8:1	Disco 3, pista 45 0:00	Job 24:25	Disco 3, pista 61 3:01 (final)	41:49
38	Job 25:1	Disco 3, pista 62 0:00	Job 41:34	Disco 3, pista 78 2:57 (final)	42:55
39	Job 42:1	Disco 3, pista 79 0:00	Sal 24:10	Disco 3, pista 104 1:08 (final)	39:37
40	Sal 25:1	Disco 3, pista 105 0:00	Sal 45:14	Disco 3, pista 125 2:07	41:20
41	Sal 45:15	Disco 3, pista 125 2:07	Sal 69:21	Disco 3, pista 149 2:36	42:11
42	Sal 69:22	Disco 3, pista 149 2:36	Sal 89:13	Disco 3, pista 169 1:35	45:20
43	Sal 89:14	Disco 3, pista 169 1:35	Sal 108:1	Disco 3, pista 188 1:18 (final)	43:31
44	Sal 109:1	Disco 3, pista 189 0:00	Sal 134:3	Disco 3, pista 214 0:18 (final)	41:00
45	Sal 135:1	Disco 3, pista 215 0:00	Pr 6:35	Disco 3, pista 237 3:17 (final)	41:00
46	Pr 7:1	Disco 3, pista 238 0:00	Pr 20:21	Disco 3, pista 251 2:07	39:00
47	Pr 20:22	Disco 3, pista 251 2:07	Ec 2:26	Disco 3, pista 265 3:50 (final)	42:11
48	Ec 3:1	Disco 3, pista 266 0:00	Cnt 8:14	Disco 3, pista 284 2:01 (final)	41:07
49	Is 1:1	Disco 3, pista 285 0:00	Is 13:22	Disco 3, pista 299 3:10 (final)	43:59
50	Is 14:1	Disco 3, pista 300 0:00	Is 28:29	Disco 3, pista 314 5:16 (final)	44:40
51	Is 29:1	Disco 3, pista 315 0:00	Is 41:18	Disco 3, pista 327 3:06	45:33
52	Is 41:19	Disco 3, pista 327 3:06	Is 52:12	Disco 3, pista 338 2:17	45:33
53	Is 52:13	Disco 3, pista 338 2:17	Is 66:18	Disco 3, pista 352 3:55	44:07
54	Is 66:19	Disco 3, pista 352 3:55	Jer 10:13	Disco 4, pista 11 1:55	46:56
55	Jer 10:14	Disco 4, pista 11 1:55	Jer 23:8	Disco 4, pista 24 1:30	45:51
56	Jer 23:9	Disco 4, pista 24 1:30	Jer 33:22	Disco 4, pista 34 3:42	49:48
57	Jer 33:23	Disco 4, pista 34 3:42	Jer 47:7	Disco 4, pista 48 1:08 (final)	46:32
58	Jer 48:1	Disco 4, pista 49 0:00	Lm 1:22	Disco 4, pista 55 4:59 (final)	40:50
59	Lm 2:1	Disco 4, pista 56 0:00	Ez 12:20	Disco 4, pista 72 3:23	61:52
60	Ez 12:21	Disco 4, pista 72 3:23	Ez 23:39	Disco 4, pista 83 6:19	60:28
61	Ez 23:40	Disco 4, pista 83 6:19	Ez 35:15	Disco 4, pista 95 2:41 (final)	56:38
62	Ez 36:1	Disco 4, pista 96 0:00	Ez 47:12	Disco 4, pista 107 2:01	59:17
63	Ez 47:13	Disco 4, pista 107 2:01	Dn 8:27	Disco 4, pista 117 4:19 (final)	48:57
64	Dn 9:1	Disco 4, pista 118 0:00	Os 13:6	Disco 4, pista 135 0:55	45:21
65	Os 13:7	Disco 4, pista 135 0:55	Am 9:10	Disco 4, pista 150 2:11	40:20
66	Am 9:11	Disco 4, pista 150 2:11	Nah 3:19	Disco 4, pista 169 3:10 (final)	44:32
67	Hab 1:1	Disco 4, pista 171 0:00	Zac 10:12	Disco 4, pista 191 2:08 (final)	51:25
68	Zac 11:1	Disco 4, pista 192 0:00	Mt 4:25	Disco 5, pista 6 3:33 (final)	38:12

Día	Versículo inicial	Empieza en	Versículo final	Termina en	Tiempo
69	Mt 5:1	Disco 5, pista 7 0:00	Mt 15:39	Disco 5, pista 17 2:26 (final)	59:28
70	Mt 16:1	Disco 5, pista 18 0:00	Mt 26:56	Disco 5, pista 28 7:42	59:07
71	Mt 26:57	Disco 5, pista 28 7:42	Mr 9:13	Disco 5, pista 40 1:42	57:19
72	Mr 9:14	Disco 5, pista 40 1:42	Lc 1:80	Disco 5, pista 49 9:31 (final)	57:1
73	Lc 2:1	Disco 5, pista 50 0:00	Lc 9:62	Disco 5, pista 57 8:50 (final)	57:12
74	Lc 10:1	Disco 5, pista 58 0:00	Lc 20:19	Disco 5, pista 68 2:33	59:4
75	Lc 20:20	Disco 5, pista 68 2:33	Jn 5:47	Disco 5, pista 78 5:49 (final)	57:40
76	Jn 6:1	Disco 5, pista 79 0:00	Jn 15:17	Disco 5, pista 88 2:27	56:46
77	Jn 15:18	Disco 5, pista 88 2:27	Hch 6:7	Disco 6, pista 7 1:02	50:54
78	Hch 6:8	Disco 6, pista 7 1:02	Hch 16:37	Disco 6, pista 17 5:01	50:42
79	Hch 16:38	Disco 6, pista 17 5:01	Hch 28:16	Disco 6, pista 29 2:07	55:07
80	Hch 28:17	Disco 6, pista 29 2:07	Ro 14:23	Disco 6, pista 44 3:27 (final)	59:54
81	Ro 15:1	Disco 6, pista 45 0:00	1Co 14:40	Disco 6, pista 61 5:19 (final)	59:01
82	1Co 15:1	Disco 6, pista 62 0:00	Gá 3:25	Disco 6, pista 81 3:49	61:13
83	Gá 3:26	Disco 6, pista 81 3:49	Col 4:18	Disco 6, pista 101 2:25 (final)	61:31
84	1Ti 1:1	Disco 6, pista 102 0:00	Flm 25	Disco 6, pista 129 3:01 (final)	61:57
85	Heb 1:1	Disco 6, pista 130 0:00	Stg 3:12	Disco 6, pista 147 1:46	56:36
86	Stg 3:13	Disco 6, pista 147 1:46	3Jn 14	Disco 6, pista 169 2:06 (final)	59:25
87	Jud 1	Disco 6, pista 170 0:00	Ap 17:18	Disco 6, pista 189 3:35 (final)	62:03
88	Ap 18:1	Disco 6, pista 190 0:00	Ap 22:21	Disco 6, pista 194 4:02 (final)	20:13
89					
90					